Dr. Setondji Gilles Natachar

Le Triomphe de la Croix, sur la Montagne

Dr. Setondji Gilles Natachar

Le Triomphe de la Croix, sur la Montagne

Éditions Croix du Salut

Imprint
Any brand names and product names mentioned in this book are subject to trademark, brand or patent protection and are trademarks or registered trademarks of their respective holders. The use of brand names, product names, common names, trade names, product descriptions etc. even without a particular marking in this work is in no way to be construed to mean that such names may be regarded as unrestricted in respect of trademark and brand protection legislation and could thus be used by anyone.

Cover image: www.ingimage.com

Publisher:
Éditions Croix du Salut
is a trademark of
Dodo Books Indian Ocean Ltd. and OmniScriptum S.R.L publishing group

120 High Road, East Finchley, London, N2 9ED, United Kingdom
Str. Armeneasca 28/1, office 1, Chisinau MD-2012, Republic of Moldova, Europe
Printed at: see last page
ISBN: 978-620-6-16881-2

PREFACE

Je dédie ce livre à toute personne, quel que soit sa race ; son sexe ; sa nationalité ou ses convictions cultuelles et culturelles, nourrissant l'appétit d'élargir sa connaissance sur des sujets relatifs à la vérité biblique et est animée du désir curieux d'expérimenter la véritable liberté par le moyen de la connaissance de la vérité.

Je prie que le Saint-Esprit vous rencontre pendant que vous lisez ce livre. Qu'il comble votre attente et que vous ne soyez plus jamais la même personne après cette aventure littéraire.

Nous bénissons Dieu qui a souverainement élevé son Fils unique, notre seigneur et sauveur personnel, par qui nous recevons la grâce d'avoir part à l'héritage des saints dans la lumière ; l'Esprit de sagesse et de révélation dans sa connaissance par lequel, nous sommes scellés pour le jour de la rédemption.

Nous nous unissons à vous pour une marche objective et fructueuse à la découverte de la compréhension selon le cœur de Dieu sur les informations relatives au triomphe de la croix sur la montagne.

Pendant que j'écrivais ce livre, c'était comme si vous et moi, lors d'une balade, parlions face à face.

Je peux vous assurer que le contenu de ce livre est très efficace et éclaireur, de sorte qu'en le lisant simplement d'un bout à l'autre, le cœur ouvert et sincère, vous serez vraiment délivré de votre ignorance relative au cafouillage qui entoure les multiples interprétations que font objet les saintes écritures de nos jours.

Que vous soyez : Catholique ; protestant ; pentecôtiste ou ayant tout simplement la Bible en partage ;

Sachez que cet ouvrage vient à point nommé en réponse aux exigences des derniers temps que nous traversons dans la marche annonciatrice de l'œuvre du Seigneur Jésus Christ et de son avènement pour le festin royal des justes.

Nous profitons de l'occasion pour vous informer que les gens sont incontestablement semblables dans le monde. Ils vivent d'une manière ou d'une autre les mêmes réalités. Ils ont autant que vous, besoin de connaitre ; de comprendre et recherchent à tort ou à raison la même vérité.

C'est pourquoi les œuvres de cette édition, paraissent telle une denrée rare qu'il faudra à tout prix se procurer.

Sommaire :

Introduction

Nous commençons la présentation du contenu des différentes lignes de cet ouvrage par des marques de civilité et de reconnaissance à l'égard du Dieu Tout-puissant, Maître et créateur des cieux et de la terre, source providencielle de la sagesse et de l'intelligence au dessus et au bénéfice de l'humanité toute entière, par notre seigneur et sauveur Jésus-Christ en qui et par qui nous avons reçu grâce pour grâce, pour être sanctifiés en qualité de canaux de transition et de transmission consacrés pour le mettre à la disposition des croyants de tous ordres en général et les chrétiens en particulier dans le but et l'objectif de les outiller, les équiper à la faveur de leur autonomie intellectuelle sur des questions relatives aux différents sujets d'ordre biblique en général et les pensées du Seigneur en particulier.

Et dans le cas d'espèce, il nous incombera la responsabilité de communiquer sur quelques révélations dont celle relative au mystère de la croix pour engloutir en victoire la montagne.

Il sera donc question à cet effet, de traiter séparément les différents aspects qui composent cet énoncé afin de sortir la grande majorité de nos lecteurs du caractère mythique que représentent ces différents sous-titres de notre ouvrage.

Nous promettons en conséquence aux amoureux de lecture en général et nos partenaires de lecture en particulier la mise à disposition des riches et larges informations détaillées sur ces différents sujets pour la satisfaction de leurs soifs et la joie spirituelle de nous avoir choisi.

Et c'est sur ces mots que nous mettons un terme à l'introduction de notre œuvre pour une embarcation de justice et de vérité au fond de l'océan du savoir et de la croissance spirituelle.

Chapitre : 1

Définitions bibliques diverses

Définition biblique de la croix.

Il faut attendre par la croix une expression spirituelle et religieuse pour décrire ou qualifier ce support de l'ordre judiciaire servant à appliquer l'exécution de la plus grande peine conformément à la loi et culture juive. Elle est purement spirituelle, cependant se matérialise par la fabrique symbolique d'un principal support vertical perpendiculairement coupé au-dessus de sa moitié par un autre support horizontal.

C'est le lieu de rappeler que chacun des deux supports par leurs sens ou positions revêt une signification précise et communique un message très précis.

Définition biblique de la montagne.

La montagne comme son nom l'indique, est une masse rocheuse scientifiquement considérée comme la plus haute en altitude et la plus terrifiante de par son corps de toute sa catégorie.

Elle revêtera un caractère purement spirituel d'après les saintes écritures et sera à plusieurs fois et occasions utilisée comme intermédiaire pour communiquer des messages spécifiques dans la relation de Dieu avec les croyants pécheurs.

Elle symbolisera une destination d'adoration à laquelle des peuples au nom de leur tradition affluent dans une démarche religieuse en quête du salut de leurs âmes.

Chapitre : 2

Origine et réalité biblique sur la montagne

Pendant que nous abordons le deuxième chapitre de notre étude, laquelle concerne l'origine et la réalité sur la montagne, il nous plaît de souligner que l'origine de toute chose sous le soleil repose sur Dieu le créateur de l'univers visible et invisible, en sorte que la montagne ne fera point acception.

Toutefois, il sera normal voir judicieux et d'après le contexte biblique de souligner que la montagne va commencer par faire surface depuis les premières pages de la Bible et sera plus accentuée après la sortie du peuple d'Israël de la captivité égyptienne en réponse à l'objectif de notre développement.

On notera des arrêts par moment du peuple à des endroits spécifiques lesquels seront à plusieurs reprises qualifiés de mont et qui est une expression simplifiée de la montagne.

Il faut aussi rappeler que la zone de pèlerinage de ce peuple de l'Egypte jusqu'à la terre promise de Canaan était naturellement caractérisée par de vastes territoires géographiquement rocheuses et montagneuses, et était divinement apprêtée pour contribuer à la traversée éprouvée dudit peuple en vue des enseignements et leçons à tirer plutard et cela conformément à la volonté objective et souveraine du Dieu très haut qui fait tout, toujours pour un but.

On notera des exemples comme suit :

Réf bibliques : Exode : 19 V 2 - 3 ; 24 V 4, 12 - 13.

Etant partis Rephidim, ils arrivèrent au désert de Sinaï, et ils campèrent dans le désert ; Israël campa là, vis-à-vis de la montagne.

Moïse monta vers Dieu ; et l'Eternel l'appela du haut de la montagne, en disant : Tu parleras ainsi à la maison de Jacob, et tu diras aux enfants d'Israël....

Moïse écrivit toutes les paroles de l'Eternel. Puis il se leva de bon matin ; il bâtit un autel au pied de la montagne, et dressa douze pierres pour les douze tribus d'Israël.

L'Eternel dit à Moïse : Monte vers moi sur la montagne, et là ; je te donnerai des tables de pierre, la loi et les ordonnances que j'ai écrites pour leur instruction.

Moïse se leva, avec Josué qui le servait, et Moïse monta sur la montagne de Dieu.

Ainsi en contenu détaillé quelques versets choisis pour rafraîchir la mémoire de la lecture de certains de ces événements ayant caractérisé le mouvement migratoire du peuple d'Israël à la tête de laquelle était le prophète Moïse pour la mission divine de le conduire jusqu'à la destination choisie et fixée par leur libérateur.

Les circonstances vont nécessiter des besoins spécifiques lesquels ne seront pourvus que par l'Eternel Dieu lui-même.

Ce qui devra occasionner la montée momentanée du serviteur de Dieu le prophète Moïse au sommet de la montagne pour recevoir des instructions conséquentes nécessaires voir indispensables à l'entretien de la relation du peuple d'Israël avec Dieu son libérateur.

Il faut remarquer qu'il sera à plusieurs reprises mentionnée la montée du prophète Moïse sur la montagne bien sûr à la demande du personnage qualifié par endroit de Dieu et d'ange de l'Eternel.

Ce qui nous intéresse dans cet état de chose est que le peuple n'a jamais vu ni Dieu lui-même ni l'ange avec qui leur leader allait s'entretenir sur la montagne, mais pouvait se contenter de la masse montagneuse qui se trouvait régulièrement devant eux non par une présence de circonstance mais envoyait au fond de leur conscience un message divin en réponse à leur état de péché et de morts spirituels.

Ainsi la montagne en elle-même était physiquement un défi de taille constant dans leur marche pour la destination de la terre de repos.

Et comme si cela ne suffisait pas pour satisfaire le rôle des différentes montagnes devant eux, des situations de frayeur seront aussi mises à contribution et toujours par le biais desdits montres de montagne pour inquiéter davantage ce peuple tantôt qualifié de rebelle et d'insoumis à l'ordre du Tout puissant.

<u>Réf bibliques : Hébreux : 12 V 18 - 21.</u>

Vous ne vous êtes pas approchés d'une montagne qu'on pouvait toucher et qui était embrasée par le feu, ni de la nuée, ni des ténèbres, ni de la tempête.

Ni du retentissement de la trompette, ni du bruits des paroles tel que ceux qui l'entendirent demandèrent qu'il ne leur en fût adressé aucune de plus.

Car ils ne supportaient pas cette déclaration : Si même une bête touche la montagne, elle sera lapidée.

Et ce spectacle était si terrible que Moïse dit : je suis épouvanté et tout tremblant !

Ainsi comme nous l'avions souligné un peu plus haut, le peuple ne fera pas l'expérience de la croisée des montagnes dans son parcours, mais des situations qui avaient tendance à le terrifier à l'exposer au désespoir et plus encore à une forme de discipline un peu comme le ramener dans le bon sens de ce qu'il lui faudra connaître pour corriger et améliorer sa relation avec son Dieu et son libérateur.

La montagne étant un bâtiment ou immeuble naturel qui offrait de temps en temps la possibilité à leur leader en la personne du prophète Moïse le privilège de s'y monter dans une démarche d'espoir face aux différents problèmes auxquels ils étaient régulièrement confrontés.

Ce qui explique que toutes les fois que le prophète Moïse y montait, celà faisait renaître de l'espoir aux yeux du peuple pour la réponse à une situation plus ou moins contraignante en leur sein.

Ainsi, la vue sur la montagne en ce moment était un peu comme la vue sur la personne de Dieu dans toute sa grandeur surtout que le peuple ne voyait ni figure supposée de Dieu ou d'un ange, cependant, le prophète Moïse leur revenait toujours avec des approches de solutions pour répondre d'une manière ou d'une autre à leur situation.

Et pendant que nous essayons déjà par dégager quelques images que transmettaient la montagne, il faut maintenant notifier que celle-ci ne sera pas seulement grande de taille comme de forme, mais sera aussi dure par le contact avec tout rapport extérieur, une position qu'occupait d'ailleurs le peuple.

Et en l'état, il nous revient d'informer nos aimables lecteurs que la montagne d'après ce contexte biblique, lequel faisait office de l'ancienne alliance de Dieu avec le peuple d'Israël, un peuple qui pour rappel était sous la malédiction de la loi et captif du péché donc en divorce ou en inimitié avec son Dieu, représentait à la fois la dure personne du Dieu vivant que communique la loi et qui sera présentée en détail par les deux premières tables de pierre remises au prophète Moïse et contenant les commandements dont la connaissance était nécessaire pour coordonner la relation d'adoration du peuple envers Dieu.

Cela nous rappelle la vie charnelle découverte par ce peuple pour avoir hérité de son père Adam la connaissance du péché lequel avait occasionner la mort spirituelle de ce dernier et par lui, toute la race humaine.

L'homme avait alors entrepris de marcher par la vue, un état de vie qui le rendait plus sensible à tout ce qui pouvait frapper à l'oeil et au touché simplement parce que son esprit était déconnecté de Dieu et par conséquent mort.

L'Eternel Dieu allait se révéler plus tard à son peuple par la loi, qualifiée de celle de Moïse laquelle sera reconnue très dure de collaboration et incapable d'assurer le salut des croyants que constitue le peuple en entier.

Les grands enseignements de la Bible pour ce qui regarde la relation de Dieu avec les humains sous l'ancienne alliance étaient plus orientés vers la loi comme témoin du Dieu très saint, juste et parfait au devant de l'homme corrompu par la connaissance du péché et désormais vivant en opposition à la nature de Dieu son créateur.

Cependant, c'est le lieu de porter à la connaissance du grand public d'adorateurs de Dieu qu'à l'image de la loi pour communiquer sur la personne de Dieu, la montagne est aussi l'une des rares figures de Dieu en face de l'homme du péché.

Et comme la loi était à l'époque proposée comme solution alternative au rachat de l'homme vaincu par le péché, la montagne était aussi dans le même rôle au regard du peuple qui de temps en temps voyait le prophète Moïse monter et descendre de la montagne avec à la main, des approches de solutions pour la suite de leur marche du salut divinement promis.

Mais la particularité de la montagne dans ce mystère, est qu'elle est liée par une vie de croissance relative à tout être vivant en considération de ce que tout ce qui est appelé à croître est sujet à une alimentation appropriée.

Ainsi, plus l'être concerné se développe par la croissance, plus il se nourrit à temps et en conséquence.

Et dans le contexte spirituel des choses, il sera plus tard révélé que la montagne se nourrissait des croyants pécheurs et devrait être considérée comme la vallée de l'ombre de la mort, simplement parce qu'au même titre que la loi, il s'agira d'une figure divine qui avait tout le temps servi d'écran au diable dans son rôle d'accusateur des frères, et de destructeur des vies humaines.

Et comme la loi pouvait partir d'une simple instruction de Dieu caractérisée à priori par l'interdit pour se transformer par la suite en un véritable obstacle de taille à l'évolution et à l'épanouissement de ceux qui lui sont soumis à partir de ses commandements, et cela au regard du salut de Dieu pour eux, la montagne allait aussi partir d'une apparition de petite taille pour devenir un monstre géant parfois de très grande taille et cela en fonction de la quantité de proies consommées, puisqu'elle est appelée à croître.

La montagne devient en réalité une idole ou une fétiche qui, correspondant à une autre figure de la loi, se nourrissait des âmes des croyants pécheurs qui s'y accrochaient en quête du salut sans apercevoir que le Dieu qu'ils recherchaient à partir de la montagne n'a jamais été celui d'Abraham ; d'Isaac ; et de Jacob leurs pères, mais plutôt le diable qui allait s'appuyer sur cette loi pour s'ériger en dieu devant l'adorateur de conscience pécheresse.

Il faut souligner que ces différentes explications nécessitent un niveau de connaissance donnée pour une bonne compréhension en ce qu'elles relèvent de la compétence du Saint-Esprit la personne de Dieu habiletée à rendre effective une telle réalité, d'où la connaissance de l'Evangile comme condition sine quanum.

Oui la connaissance de l'Evangile !

Et cela devient encore plus évident lorsqu'on considère que seule la connaissance de l'Evangile ou l'acceptation de l'œuvre de la rédemption du seigneur et sauveur Jésus-Christ qui confère au croyant le pouvoir d'adoption de fils de Dieu lequel passe par le moyen du Saint-Esprit.

Réf bibliques : Jean : 4 V 20 - 22 ; 5 V 45 ; Romains : 3 V 19 - 20.

Nos pères ont adoré sur cette montagne ; et vous dîtes, vous, que le lieu où il faut adorer est à Jérusalem.

Femme,lui répondit Jésus, crois-moi, l'heure vient où ce ne sera ni sur cette montagne ni à Jérusalem que vous adorerez le Père.

Vous adorez ce que vous ne connaissez pas ; nous adorons ce que nous connaissons, car le salut vient des juifs.

Ne pensez pas que moi je vous accuserai devant le Père ; celui qui vous accuse, c'est Moïse, en qui vous avez mis votre espérance.

Or, nous savons que tout ce que dit la loi, elle le dit à ceux qui sont sous la loi afin que toute bouche soit fermée et que tout le monde soit reconnu coupable devant Dieu.

Car nul ne sera justifié devant lui par les œuvres de la loi, puisque c'est par la loi que vient la connaissance du péché.

Ainsi, ci-dessus en détail le contenu de quelques versets qui pouvaient nous aider à retracer quelques notions sur la loi et au travers d'elle, la montagne que, loin d'être l'espoir de cette nation aveuglée par le péché, ce qu'ils avaient tout le temps pensé, est le monstre qui allait se déguiser en sauveur pour les avaler avec l'intention de détruire tout le peuple, ce qui correspondrait au coup qu'il avait réussi à infliger à Dieu son créateur pour avoir conduit l'homme à rejeter son créateur, son Seigneur, son Dieu pour lui faire élégance.

Il serait dans le rôle de Satan c'est à dire le séparateur, et se serait servi du corps de serpent, animal réputé le plus rusé de tout le bétail assorti de l'œuvre de l'Eternel Dieu.

On parlera pour la première de la chute de l'homme par la connaissance du péché, ce qui avait causé sa mort spirituelle et sa déconnexion d'avec son Dieu, son créateur.

Et pendant que nous essayons d'en dire davantage, il y a lieu de rappeler que tout corps d'un être vivant a une tête, en sorte que la montagne a son sommet pour la sienne, voilà pourquoi tout s'y passait, c'est à dire le contact entre le prophète Moïse qui y montait et descendait de temps en temps et le prétendu Dieu ou ange de Dieu avait toujours lieu au sommet de la montagne privé de tout regard étranger et légalement inapproprié.

C'est un peu comme si l'Eternel Dieu était assis sur la montagne ou avait établi le siège de son trône à son sommet d'où il administrait par le biais de son serviteur le prophète Moïse, par qui il coordonnait toutes les activités liées à la vie dudit peuple pèlerin.

Nous aurons la possibilité d'aller plus en détail sur ce qu'il y a lieu de tirer de cette position de sommet où tout se décidait pour le compte du peuple d'Israël.

Mais en attendant, ressourçons-nous encore dans ces quelques versets alignés ci-dessous.

Réf bibliques : 2 Corinthiens : 11 V 14 - 15 ; 2 Thessaloniciens : 2 V 4.

Et cela n'est pas étonnant , puisque Satan lui-même se déguise en ange de lumière.

Il n'est donc pas étrange que ses ministres aussi se déguisent en ministres de justice.

Leur fin sera selon leurs œuvres.

L'adversaire qui s'élève au-dessus de tout ce qu'on appelle Dieu ou de ce qu'on adore, jusqu'à s'asseoir dans le temple de Dieu, se proclamant lui-même Dieu.

Ainsi, du contenu des versets ci-dessus, nous trouvons une démarche truquée et usurpée d'un adversaire réputé d'après les saintes écritures pour non seulement s'identifier mais oser se rebeller contre l'autorité de Dieu jusqu'à s'offrir une place de choix à l'intérieur du temple de Dieu, se réclamant lui-même Dieu, dans le but d'attirer à son profit des adorations dûes au Dieu vivant.

C'est le lieu de rappeler que la place de Dieu à l'intérieur du temple correspond au sommet de la montagne dans la figure de la traversée du désert en sorte que celui qui se retrouvait autrefois sur le sommet de la montagne est le même qui finira par se retrouver à une place bien précise dans le temple et cela en considération de l'évolution des choses liées à la relation de Dieu avec les humains en général et les croyants en particulier.

Mais si cet acteur de premier rang d'après l'historique des évènements pouvait se déguiser en ange de lumière c'est à dire se passer pour Dieu avec l'intention d'occuper la place de celui-ci à l'intérieur de son temple d'adoration, n'est-ce pas intéressant de l'imaginer dans de précédentes tentatives d'usurpation de titre ou de rôle au sommet de la montagne ?

Surtout que toute cette aventure du peuple d'Israël s'était soldée par la ruine et la perte de la plus part des âmes engagées dans cette marche.

Ainsi, comme la loi à partir de ses commandements permet de monter ou accéder au trône de Dieu, la montée de la montagne correspond également à la même réalité et dans le contexte religieux élève le leader religieux dans une position divine au-dessus de ses pairs.

On parlera plutard de la montée en chaire et sera plus palpable à l'avènement des adorations à l'intérieur des temples ou synagogues.

Et cela s'avère important d'en faire connaissance puisque tout le contenu des saintes écritures n'a tourné que sur les révélations progressives de la personne indescriptible de Dieu au profit des humains qui ont évolué par une conscience croissante en fonction des âges et des générations.

Ainsi plusieurs personnes à partir des générations ont marché avec Dieu sans avoir le privilège de pouvoir porter à son actif toute la plénitude sur la personnalité de Dieu y compris les détails de son projet en direction de la terre.

Réf bibliques : Exode : 6 V 2 - 3 ; Psaumes : 24 V 3 - 4 ; Romains : 10 V 5.

Dieu parla encore à Moïse, et lui dit : Je suis l'Eternel.

Je me suis apparu à Abraham, à Isaac et à Jacob, comme le Dieu tout-puissant ; mais je n'ai pas été connu d'eux sous mon nom, l'Eternel.

Qui pourra monter à la montagne de l'Eternel ?

Qui s'élèvera jusqu'à son lieu saint ?

Celui qui a les mains innocentes et le cœur pur ;

Celui qui ne livre pas son âme au mensonge.

Et qui ne jure pas pour tromper.

En effet, Moïse définit ainsi la justice qui vient de la loi : L'homme qui mettra ces choses en pratique vivra par elles.

Ainsi se présente le contenu des versets ci-dessus par lesquels nous pouvons rétablir le rôle conducteur ou formalitaire de la loi tout comme la montagne pour conduire l'adorateur au trône de l'Eternel lequel est établi au-dessus de la tête de l'homme, c'est à dire le Ciel.

Toutefois, l'expérience a prouvé que tous ceux qui avaient emprunté de tel chemin avaient fini leurs courses dans le séjour des morts et n'avaient jamais pu atteindre la destination salutaire prévue et promue au moyen de la loi.

Et c'est bien ce que les écritures nous ont confirmé dans la suite des temps par référence à la traversée du désert de tout le peuple qui avait quitté le territoire captif d'Egypte.

Ils avaient alors tous péri dans le désert, un autre mot, toujours pour traduire le caractère mortel de la loi ou la montagne pour acquérir le salut de Dieu.

On comprendra plutard que leur traversé du désert pour la terre promise correspondait à la montée de la montagne pour atteindre son sommet où siège le trône de l'Eternel Dieu lequel sera qualifié à d'autres endroits comme, le lieu du repos ou du salut de Dieu.

Réf bibliques : Hébreux : 3 V 10 - 11 ; 16 - 17.

Aussi je fus irrité contre cette génération, et je dis :

Ils ont toujours un cœur qui s'égare.

Ils n'ont pas connu mes voies.

Je jurai dans ma colère :

Ils n'entreront pas dans mon repos !

Qui furent, en effet, ceux qui se révoltèrent après l'avoir entendue, sinon tous ceux qui étaient sortis d'Egypte sous la conduite de Moïse ?

Et contre qui Dieu fut-il irrité pendant quarante ans, sinon contre ceux qui péchaient, et dont les cadavres tombaient dans le désert.

Et nous pouvons encore confirmer à partir du contenu des versets ci-dessus combien avait été fatale la tentative d'accession du peuple à la montagne de l'Eternel et tout cela traduit la complexité de la loi et la dureté de la montagne prétendant garantir le salut à quiconque l'emprunte comme option d'engagement pour obtenir le salut de Dieu.

Nous y reviendrons certainement à d'autres niveaux de développement de notre étude sur ledit chapitre pour de plus amples informations susceptibles d'enrichir nos différents lecteurs, puisqu'il y a toujours ces points difficiles à expliquer à cause du niveau spirituel des croyants qui reste encore très amoindri.

Et ce sera sur ces mots que nous mettons un terme à ce chapitre relatif à l'origine et la réalité biblique sur la montagne.

Chapitre : 3

Origine et réalité biblique sur la croix.

Dans ce chapitre de notre étude, il sera question de nous pencher sur ce qu'il y a lieu de savoir concernant l'origine et la réalité sur la croix, l'un des éléments fondamentaux de la sagesse chrétienne laquelle n'a d'utilité qu'à l'existence de la Bible.

Et sans plus tarder, nous allons commencer par rappeler comme le niveau de connaissance limitée à la grande majorité des croyants que la croix est plus connue sous l'ère de la nouvelle alliance ou le testament au nom du seigneur et sauveur Jésus-Christ que sous l'ancienne alliance ou le testament au nom du prophète Moïse, puisque là sont les deux figures par lesquelles l'Eternel Dieu allait de générations en générations se révéler à l'humanité toute entière.

Mais pour ce qui nous concerne, il est souhaitable de la croix comme élément de valeur juridique et très impliquant, voir indispensable pour l'application de l'une des peines jugées les plus odieuses ou capitales, généralement qualifiées par endroits de pajure d'après la culture judiciaire moderne.

Ainsi, comme nous l'expliquons tantôt, il sera difficile, voir même impossible d'entendre parler de l'usage de la croix sous l'ancienne alliance cependant, il y aura l'existence d'une ombre d'elle en confirmation de ce que l'ancienne alliance traduit l'ombre de la nouvelle alliance.

Et sur ce rapport, nous allons aborder l'énoncé de la figure ou l'ombre de la croix, et on notera ce qui suit :

Réf bibliques : Jean : 3 V 14 - 15.

Et comme Moïse éleva le serpent dans le désert, il faut que le Fils de l'homme soit élevé.

Afin que quiconque croît en lui ait la vie éternelle.

Ainsi, du contenu de ces quelques versets ci-dessus, nous notons cette déclaration du leader de la nouvelle alliance en la personne du seigneur et sauveur Jésus-Christ, qui dans son allocution expliquait qu'il était important que lui, le Fils de l'homme soit élevé à l'image du serpent que le prophète Moïse avait élevé dans le désert, sauf que dans un contexte d'approche de solution de vie ou salut complet et parfait au profit des croyants.

Nous comprenons à partir de cet extrait de versets qu'un serpent serait élevé dans le désert par les soins du prophète Moïse et cela dans le but de répondre à une situation de crise dans laquelle s'était retrouvé le peuple d'Israël pendant sa marche de la traversé du désert après sa sortie d'Egypte.

Ainsi, le serviteur de Dieu, le prophète Moïse sera appelé à élevé un serpent en guise de solution en réponse à une situation qui exigera de tout le peuple en déplacement, l'exercice de la croyance, laquelle est bien différente de la foi quoique précédent la dernière conformément au plan directionnel de l'Eternel Dieu pour l'acquisition du salut de l'âme.

Cependant, ce qui va nous intéresser le plus ne sera pas l'approche solution qui réside dans l'élévation du serpent, mais plutôt l'aspect du jugement ou d'exécution de peine.

Réf bibliques : Nombres : 21 V 7 - 9.

Le peuple vint à Moïse, et dit : Nous avons péché, car nous avons parlé contre l'Eternel et contre toi.

Prie l'Eternel, afin qu'il éloigne de nous ces serpents. Moïse pria pour le peuple.

L'Eternel dit à Moïse : Fais-toi un serpent brûlant, et place-le sur une perche ; quiconque aura été mordu, et le regardera, conservera la vie.

Moïse fit un serpent d'airain, et le plaça sur une perche ; et quiconque avait été mordu par un serpent, et regardait le serpent d'airain, conservait la vie.

Ainsi, se présente le contenu des versets ci-dessus, lesquels nous renseignent en peu de mots sur ce qui s'était passé dans le désert et qui allait solder par l'instruction de Dieu à Moïse, son prophète d'élever un serpent en guise de solution à ladite situation.

Mais ce qui allait nous intéresser davantage est de chercher à savoir les motivations de l'Eternel Dieu pour son choix sur le serpent comme élément utile à élever en ce moment ponctuel pour régler le problème ?

Est-ce parce que c'est des serpents qui étaient la cause mortelle de ce peuple en ce moment ou existe-t-elle une autre raison, puisque que le souverain Dieu est capable voir plus que capable d'employer toutes autres formules ne mentionnant le serpent pour régler les problèmes des humains peu importe leur diversité ou gravité ?

Oui ! Il existe une autre raison motivant l'Eternel Dieu à opter pour le choix du serpent en réponse à ladite situation.

Mais avant d'aller plus en détail, référons-nous aux versets suivants :

Réf bibliques : Genèse : 3 V 14 - 15.

L'Eternel Dieu dit au serpent : Puisque que tu as fait cela, tu seras maudit entre tout le bétail et même tous les animaux des champs, tu marcheras sur ton ventre, et tu mangeras de la poussière tous les jours de ta vie.

Je mettrai inimitié entre toi et la femme, entre ta postérité et sa postérité ; celle-ci t'écraseras la tête, et tu lui blesseras le talon.

Nous avons à partir du contenu des versets ci-dessus quelques éléments des déclarations sentencieuses prononcées par l'Eternel Dieu sur l'ensemble des acteurs impliqués dans l'avènement du péché à l'intérieur du jardin d'Eden et particulièrement sur le serpent comme principal acteur de cette rébellion envers la personne morale de Dieu.

Il sera le chef orchestre de tout le scénario avec pour finalité, la réussite de son projet relatif à la chute de l'homme.

Il sera dès lors pris pour l'auteur incontesté et inconstable de tous les ennuis de l'homme et sera plus combattu en victoire par la prospérité de cette dernière c'est à dire la femme dans la suite des temps pour son rachat.

Cette sentence en ce moment étant d'ordre prophétique, allait s'exécuter dans un futur lointain par les soins du seigneur et sauveur Jésus-Christ.

Mais en attendant, on aura une figure ou ombre de ladite exécution de la sentence au moyen de laquelle, le diable dans le corps du serpent sera élevé sur une perche pour pendaison en signe de l'exécution de la plus lourde peine destinée à un fautif selon l'ordre sentencieux légal de ladite communauté.

Et c'est bien ce qui s'était passé avec le serpent dans ce cas précis lequel exige la prise en compte du contexte avant d'accéder à la révélation ou la motivation de Dieu derrière cette instruction en direction de son serviteur, le prophète Moïse.

On parlera de la sentence de la pendaison du fautif, laquelle correspondait à la plus dure en la matière susceptible d'assouvir la soif de la loi laquelle exerçait depuis l'avènement du péché son règne de malédiction sur l'homme et par celui-ci, l'humanité toute entière.

Réf bibliques : Deutéronome : 21 V 22 - 23 ; Romains : 3 V 19 - 20 ; Galates : 3 V 13.

Si l'on fait mourir un homme qui a commis un crime digne de mort, et que tu l'aies pendu au bois, son cadavre ne passera point la nuit sur le bois ; mais tu l'enterreras le jour même, car celui qui est pendu est un objet de malédiction auprès de Dieu, et tu ne souilleras point le pays que l'Eternel, ton Dieu, te donne pour héritage.

Or, nous savons que tout ce que dit la loi, elle le dit à ceux qui sont sous la loi, afin que toute bouche soit fermée et que tout le monde soit reconnu coupable devant Dieu.

Car nul ne sera justifié devant lui par les œuvres de la loi, puisque c'est par la loi que vient la connaissance du péché.

Christ nous a rachetés de la malédiction de la loi, étant devenu une malédiction pour nous, car il est écrit : Maudit est quiconque est pendu au bois.

Et du contenu des versets ci-dessus, nous pouvons souligner aisément la notion de la pendaison qui était à l'époque nécessaire pour confirmer la sentence de la malédiction sur un fautif d'après la loi juive.

Cet état de chose allait se confirmer à une autre occasion au sein de cette communauté et l'exemple ci-après nous servira de preuve d'arguments.

Réf bibliques : Esther : 7 V 8 - 9.

Lorsque le roi revint du jardin du palais dans la salle du festin, il vit Haman qui s'était précipité vers le lit sur lequel était Esther, et il dit : Serait-ce encore pour faire violence à la reine, chez moi, dans mon palais ?

Dès que cette parole fut sortie de la bouche du roi, on Voila le visage d'Haman.

Et Harbona, l'un des eunuques, dit en présence du roi : Voici, le bois préparé par Haman pour Mardochée, qui a parlé pour le bien du roi, est dressé dans la maison d'Haman, à une hauteur de cinquante coudées.

Le roi dit : Qu'on y pende Haman !

Et l'on pendit Haman au bois qu'il avait préparé pour Mardochée.

Et la colère du roi s'apaisa.

Ainsi, du contenu des versets ci-dessus, nous avons un petit extrait de l'histoire de la vie d'Esther dans laquelle est impliqué un autre acteur de grande importance en ce qui concerne le rôle de grande utilité en matière d'enseignement en la personne d'Haman qui à la fin du scénario connaîtra la sentence de la pendaison pour avoir posé un acte mal interprété par le roi.

Il sera alors pendu au bois qu'il se serait lui-même préparé dans l'intention de conduire à bout un destin autour duquel il avait orchestré.

Mais pour ce qui nous concerne, il serait jugé portant atteinte à la dignité de la reine, ce qui devrait provoquer la colère du roi et lui coûter la plus haute sentence du royaume laquelle était la pendaison.

Il faut rappeler que dans la culture juive existent plusieurs degrés de sentences dont la flagellation, la lapidation et autres pour ne citer que celles-là toutefois, la pendaison était la plus élevée du point de vue criminalité et devrait être considérée en tant que telle, et avait aussi pour objectif non pour élever en honneur mais plutôt pour la honte et la disgrâce en grand public.

Ce qui impact négativement non seulement sa dignité personnelle, mais aussi, celle de sa famille et au travers d'elle de tout l'effectif relationnel rattaché à la personne du mis en cause.

Dans la suite des temps, le peuple d'Israël connaîtra des situations de déportation par lesquelles le peuple sera ouvert à de nouvelles cultures et voir même la loi qui le gouverne connaître des réformes de divers ordres.

C'est ainsi que, sans se replonger à l'historique des évènements, des réformes seront apportées sur la pendaison de manière à alléger la souffrance du fautif et ainsi, on passera de la pendaison à la crucifixion c'est à dire de la perche ou du bois à la croix.

Et c'était déjà une démarche inspirée de l'Eternel Dieu même si cela venait des autorités païennes en vue des préparatifs entrant dans le cadre de la venue dans un futur désormais proche de son Fils unique, l'agneau qu'il allait destiner pour le livrer en sacrifice de réconciliation de l'humanité toute entière avec lui-même.

Voilà pourquoi, le seigneur Jésus ne sera pas le premier à être crucifié puisqu'au moment de la sentence liée à sa personne, les gens de l'époque demandaient déjà qu'il soit crucifié, donc certainement quelque chose à laquelle ils seraient déjà habitués.

Et non seulement cela, mais il y aura deux voleurs qui seront crucifiés en même temps que lui quoique les chefs d'accusation n'étant pas les mêmes.

Réf bibliques : Luc : 23 V 20 - 23, 40 - 41 ; Jean : 19 V 6 - 7.

Pilate leur parla de nouveau dans l'intention de relâcher Jésus.

Et ils crièrent : Crucifie, crucifie-le !

Pilate leur dit pour la troisième fois : Quel mal a-t-il fait ? Je n'ai rien trouvé en lui qui mérite la mort. Je le relacherai donc, après l'avoir fait battre de verges.

Mais ils insistèrent à grands cris, demandant qu'il fut crucifié. Et leurs cris l'emportèrent.

Mais l'autre reprenait , et disait : Ne crains tu pas Dieu, toi qui subis la même condamnation ?

Pour nous, c'est justice faite, car nous recevons ce qu'ont mérité nos crimes ; mais celui-ci n'a rien fait de mal.

Lorsque les principaux sacrificateurs et les huissiers le virent, ils s'écrièrent : Crucifie ! Crucifie ! Pilate leur dit : Prenez-le vous-même, et crucifiez-le ; car moi, je ne trouve point de crime en lui.

Les juifs lui répondirent : Nous avons une loi ; et, selon notre loi, il doit mourir, parce qu'il s'est fait Fils de Dieu.

Ainsi, de par le contenu de ces versets ci-dessus, nous pouvons déjà nous faire une petite idée de ce que les juifs devraient être déjà habitués à la question de la crucifixion en sorte qu'il pouvaient la réclamer avec insistance en avançant même les raisons et arguments qui sous-tendent leurs actions.

Pour eux, Jésus serait coupable de pajure pour s'être proclamer Fils de Dieu et Dieu lui-même à d'autres endroits à travers les saintes écritures.

Et ainsi, nous avons l'origine de la croix, laquelle avait commencé par la déclaration sentencieuse à caractère prophétique prononcée depuis le jardin d'Eden et qui allait se matérialiser pendant la traversée du désert dans une forme nécessitant l'aide du Saint-

Esprit pour s'offrir la révélation, puisqu'il s'agira en ce moment de deux différents aspects que traduisait la seule et unique élévation du serpent sur la perche.

L'un pour annoncer une solution et l'autre pour confirmer la sentence qui avait été prononcée sur le serpent en tant que diable pour avoir fait usage de ruse pour induire la femme placée aux côtés de l'homme dans la désobéissance à l'instruction divine.

Ce qui avait causé l'avènement et la connaissance du péché pour aboutir à la mort spirituelle de l'homme et la suite n'est plus à démontrer.

Et comme Haman avait été élevé par pendaison sur le bois pour tentative d'agression sexuelle sur la reine Esther, ainsi, le diable dans la figure du serpent, le plus rusé de tout le bétail se trouvait déjà le premier à subir ce sort sentencieux et cela conformément à la loi juive.

Il faut ajouter qu'on serait dans l'aspect solution de cette élévation et fournirait d'autres éléments nécessaires pour contribuer au développement dudit chapitre puisqu'il y a eu des faits bibliques qui s'inscriraient très bien dans la ligne de cet aspect de notre sujet.

Et c'est sur ces quelques mots que nous estimons largement suffisant pour mettre un terme à ce chapitre relatif à l'origine et la réalité biblique sur la croix.

Chapitre : 4

Rapport salutaire entre la montagne et la croix.

A présent le chapitre relatif au rapport salutaire entre la montagne et la croix, et ce sera une forme de bilan sur les différentes relations qu'ont engendré la montagne et la croix sur la vie des croyants.

Et c'est le lieu de rappeler que la connaissance d'adoration de Dieu aux pieds de la montagne n'était pas de l'imagination ou inventé de l'homme, mais plutôt instituée de l'Eternel Dieu lui-même et cela, bien sûr avec des objectifs bien précis qu'il n'était pas donné à l'homme à cette époque de comprendre.

Réf bibliques : Exode : 3 V 12.

Dieu dit : Je serai avec toi ; et ceci sera pour toi le signe que c'est moi qui t'envoie : quand tu auras fait sortir d'Egypte le peuple, vous servirez Dieu sur cette montagne.

Du contenu du verset ci-dessus, nous découvrons pour la toute première fois l'usage par l'ange de l'Eternel du mot montagne dans le cadre d'adoration à offrir à Dieu par le peuple en voie de délivrance.

Il convient donc de commencer par souligner que l'expression adorer sur la montagne était en ce moment précis la formule appropriée pour désigner le ministère par lequel ce peuple sera bientôt lié à Dieu.

Ce ministère sera bâti sur les principes de la croyance et la marche par la vue et cela en considération de la nature pécheresse et spirituellement morte dudit peuple, ce qui explique d'ailleurs son passage en terre égyptienne pour lui signifier l'état captif de sa personne et sa race entre les bras de fer du péché ; de la loi et du diable.

Ce ministère à la longue se révélera très grande d'envergure du point de vue organisationnel et dur, voir même très dur, de par son fonctionnement en ce qui concerne la relation des croyants pécheurs avec Dieu.

Ainsi, toutes les fois qu'il y aura campement du peuple d'Israël après sa sortie du pays d'Egypte et sa marche dans le désert, leur viendra à l'esprit la notion de la montagne ou du ministère puisque ce sera l'occasion propice pour leurs leaders de recevoir de nouvelles instructions les concernant pour la poursuite de leur voyage.

Ce qui explique que la montagne devra être considérée dans une approche plus psychologique ou spirituelle que visible quoiqu'au tant important puisqu'ils marchaient par la vue à cause de leur état de morts spirituels.

Les saintes écritures nous feront découvrir plusieurs termes partageant la famille de la montagne toutefois, l'intérêt dudit mot résidera moins dans le caractère rocheux que la notion d'adoration ou du ministère en l'honneur de Dieu.

Il sera intéressant de constater que la première rencontre qu'il y aura entre l'ange de l'Eternel et le fugitif Moïse sera faite, non sur une quelconque montagne d'aspect intelligible mais par une présence descriptive de feu duquel sortait l'étrange voix de Dieu qui signalait à son hôte en ce moment de prendre des dispositions à se conformer à l'exigence relationnelle en ce qui concerne le lieu qu'il devrait regarder comme saint, et ce sera la première figure ou image de la montagne accordée à Moïse quoiqu'on parlera de la montagne de Dieu sise à Horeb.

Réf bibliques : Exode : 3 V 2 - 5.

L'ange de l'Eternel lui apparut dans une flamme de feu, au milieu d'un buisson. Moïse regarda ; et voici, le buisson était tout en feu, et le buisson ne consumait point.

Moïse dit : Je veux me détourner pour voir quelle est cette grande vision , et pourquoi le buisson ne se consume point.

L'Eternel vit qu'il se détournait pour voir ; et Dieu l'appela du milieu du buisson, et dit : Moïse ! Moïse ! Et il répondit : Me voici !

Dieu dit : N'approche pas d'ici, ôte tes souliers de tes pieds, car le lieu sur lequel tu te tiens est une terre sainte.

Ainsi, de ces versets ci-dessus, nous avons l'appel psychologique de l'Eternel Dieu à travers son ange à l'endroit de Moïse pour insuffler dans son mental quelques caractères de sa présence laquelle prend l'allure de montagne à l'égard de quiconque portant en lui la semence du péché, ce qui établit l'incompatibilité relationnelle.

Cette présentation de l'ange de l'Eternel au profit de Moïse qui était dans ce contexte précis la figure représentative de tout le corps d'adorateurs appelés à servir dans ce ministère qualifié de sacerdoce lévitique, traduisait combien sera dure ; difficile voir très difficile comme une montagne, toute relation d'un pécheur avec ce Dieu juste ; saint et parfait.

Cependant, qu'il vous souvienne que nous avions précédemment démontré que la loi est une forme descriptive de la montagne dans ce contexte précis et ne fera que de victimes dans le rang des adorateurs ou croyants ayant engagés la marche ministérielle avec Dieu en quête de son salut pour les âmes.

Ce ministère sera davantage dévoilé avec l'aide du Saint-Esprit sous la nouvelle alliance pour la conclusion qu'il s'agissait du ministère de mort ou de condamnation et n'aura rien apporté à ceux qui s'y étaient accrochés que de les dévorer et les engloutir afin de s'offrir la masse corporelle qu'on connait d'elle.

Réf bibliques : 2 Corinthiens : 3 V 7, 9, 15 ; Hébreux : 3 V 16 - 18.

Or, si le ministère de la mort, gravé avec des lettres sur des pierres, a été glorieux, au point que les fils d'Israël ne pouvaient fixer les regards sur le visage de Moïse, à cause de la gloire de son visage, bien que cette gloire fut passagère ;

Si le ministère de la condamnation a été glorieux...

Jusqu'à ce jour, quand on lit Moïse, un voile est jeté sur leurs cœurs.

Qui furent, en effet, ceux qui se révoltèrent après l'avoir entendue, sinon tous ceux qui étaient sortis d'Egypte sous la conduite de Moïse ?

Et contre qui Dieu fut-il irrité pendant quarante ans, sinon contre ceux qui péchaient, et dont les cadavres tombaient dans le désert ?

Et à qui jura-t-il qu'ils n'entreraient pas dans son repos, sinon à ceux qui avaient désobéi ?

A partir donc du contenu des versets ci-dessus, nous pouvons découvrir que ce ministère de montagne avait soldé sa mission par la perte de presque tout le peuple qui avait été soumis à son administration simplement parce que son exercice provoquait la colère de Dieu et son jugement sur ces derniers.

Et tout cela était devenu encore plus évident pour signifier que l'être humain porteur de la semence du péché ne saurait en aucun cas et d'aucune manière parvenir à faire la volonté de Dieu jusqu'à lui offrir une quelconque adoration digne de sa personnalité, parce qu'il s'agira là d'une relation vouée d'avance à l'échec et impossible de connaître la réussite.

Ce ministère de la montagne qui va évoluer sous la figure emblématique et le leadership du serviteur de l'Eternel, le prophète Moïse, non seulement en tant que leader inégalé mais médiateur par excellence dans ledit ministère entre le Ciel et les croyants restés captifs du péché, c'est à dire morts dans leurs esprits, sera confronté à un rôle inédit communément reconnu pour le diable, mais qui allait se retrouver aussi chez le prophète de l'Eternel.

Réf bibliques : Jean : 5 V 45 ; Apocalypse : 12 V 10.

Ne pensez pas que moi je vous accuserai devant le Père ; celui qui vous accuse, c'est Moïse en qui vous avez mis votre espérance.

Et j'entendis dans le ciel une voix forte qui disait : Maintenant le salut est arrivé, et la puissance, et le règne de notre Dieu, et l'autorité de son Christ ; car il a été précipité, l'accusateur de nos frères, celui qui les accusait devant notre Dieu jour et nuit.

Du contenu donc de ces quelques versets ci-dessus, nous pouvons remarquer malheureusement le rôle combien criard que constitue l'accusation et dans lequel allait se retrouver le médiateur ou l'interlocuteur légalement qualifié d'après le bon sens des choses pour défendre et intercéder pour le compte du peuple soumis à son office.

Ainsi, non seulement ce ministère va avaler et engloutir tout l'effectif sous l'administration de ce leader, mais lui-même en personne afin de n'offrir aucune possibilité de défense à quiconque, qui qu'il soit, puisqu'il serait en tant que leader dans la figure représentative de la loi laquelle reste intransigeante et sans miséricorde par exercice.

Réf bibliques : Deutéronome : 34 V 4 - 6.

L'Eternel lui dit : c'est là le pays que j'ai juré de donner à Abraham, à Isaac et à Jacob, en disant : je le donnerai à ta postérité.

Je te l'ai fait voir de tes yeux, mais tu n'y entreras point.

Moïse, serviteur de l'Eternel, mourut là, dans le pays de Moab, selon l'ordre de l'Eternel.

Et l'Eternel l'enterra dans la vallée, au pays de Moab, vis à vis de Beth Peor.

Personne n'a connu son sépulcre jusqu'à ce jour.

Ainsi, on notera à partir du contenu des versets ci-dessus que le prophète Moïse après avoir tout le temps trouver des motifs d'accusation contre ses frères dont il avait la charge administrative de défense et d'intercession devant l'ange de l'Eternel qu'il allait de temps en temps rencontrer sur la montagne finira par tomber sous des charges d'accusation retenues contre sa propre personne et desquelles il n'a pas pu se défendre pour sauver sa peau, et le ministère serait ainsi dans son rôle de montagne ou le monstre divin qui ne se rassasie jamais.

Ce ministère sera à certains endroits des saintes écritures considéré étant dans le rôle du serpent lequel mord faute d'enchantement et du tombeau qui ne dit jamais assez.

Il sera la propriété de Dieu pour la cause de son peuple, mais détourné et accaparé par le diable pour donner la mort aux croyants c'est à dire les éloigner continuellement de leur Dieu, au lieu du rôle inverse.

Jusqu'à ce jour le ministère de la montagne non par essence, mais plutôt par appellation continue d'opérer par les soins de ceux qui se réclament à corps et à cris, des serviteurs de Dieu sans jamais faire l'expérience de la véritable nouvelle naissance apportée par le seigneur et sauveur Jésus-Christ, et en cela se retrouvent au service du malin.

Réf bibliques : Romains : 16 V 17 - 18 ; 1 Corinthiens : 2 V 17 ; Philippiens : 3 V 18 - 19.

Je vous exhorte, frères, à prendre garde à ceux qui causent des divisions et des scandales, au préjudice de l'enseignement que vous avez reçu.

Eloignez-vous d'eux.

Car de tels hommes ne servent point Christ notre Seigneur, mais leur propre ventre ; et, par des paroles douces et flatteuses, ils séduisent les cœurs des simples.

Car nous ne falsifions point la parole de Dieu, comme font plusieurs ; mais c'est avec sincérité, mais c'est de la part de Dieu, que nous parlons en Christ devant Dieu.

Car il en est plusieurs qui marchent en ennemis de la croix de Christ, je vous en ai souvent parlé, et j'en parle maintenant encore en pleurant.

Leur fin sera la perdition ; ils ont pour dieu leur ventre, ils mettent leur gloire dans ce qui fait leur honte, ils ne pensent qu'aux choses de la terre.

Ainsi, du contenu des versets ci-dessus, nous avons éléments témoignant des ouvriers dits de Dieu mais qui malheureusement n'ont jamais fait l'expérience de la vérité et finissent par s'accrocher à la sagesse divinement corruptible laquelle ne vit Dieu que dans des choses terrestres et mondaines.

Ils sont aveuglés par le malin mais, arrivent néanmoins, à drainer du monde autour de leur concept divin avec à la clé, des édifices religieux réalisés à de gros frais au milieu d'une vie de propagande au prétexte de la bénédiction de l'Eternel Dieu et tout cela au péril de leurs vies.

Leur prétendue relation avec dieu et non Dieu, se limite sur la terre et sous le soleil car n'ayant aucune espérance de la vie éternelle, sinon, qu'au bout des lèvres.

Oui ! C'est le ministère de la montagne qui sera révélé au travers de certains dires du seigneur Jésus, le chemin grand et large emprunté par le grand nombre des croyants mais qui mène malheureusement à la perdition.

C'est pourquoi, il revient intéressant voir très important de souligner que ce rôle d'accusateur réputé pour le diable et qui allait malheureusement se retrouver aussi aux mains du médiateur dudit ministère en la personne du prophète Moïse, allait favoriser l'assise en territoire conquis de nouvelles puissances rattachées au diable et exerçant dans le même ordre de projet que lui mais qui seront surpris par la mort de Jésus-Christ et les détails nous seront mis à disposition dans la suite réservée à l'implication de la croix dans ce rapport sur la relation de l'homme avec Dieu.

Mais, à l'inverse du ministère de la montagne qui n'aura autre choix que de dévorer et d'engloutir les siens parce que corrompu et contrôlé par le malin, existera un autre et nouveau qualifié de la croix et sous l'égide d'une nouvelle génération d'adorateurs ayant pour leader, le seigneur et sauveur Jésus-Christ.

Réf bibliques : 1 Corinthiens : 1 V 17 - 18.

Ce n'est pas pour baptiser que Christ m'a envoyé, c'est pour annoncer l'Evangile, et cela sans la sagesse du langage, afin que la croix de Christ ne soit rendue vaine.

Car la prédication de la croix est une folie pour ceux qui périssent ; mais pour nous qui sommes sauvés, elle est une puissance de Dieu.

Ainsi sera placé le décor à partir du contenu de ces quelques versets ci-dessus, lesquels nous remontent directement à l'existence de la croix en tant que ministère pourvu par le Seigneur Dieu en réponse au danger qu'est devenu celui de la montagne sur le chemin des croyants.

Et pour rappel, nous avions précédemment et suffisamment fourni de détails sur le ministère de la montagne lequel sera plutard qualifié de mort et de la condamnation parce que corrompu par le malin et incapable de conduire les croyants à la connaissance du salut de leurs âmes en Dieu.

Il ne ratera aucun membre de son office, peu importe sa position dans l'ordre des services liés à son fonctionnement, et des références avaient été données dont les cas du souverain sacrificateur Aaron ; le prophète Moïse pour ne citer que ceux-là, et qui avaient tous péri sous le prétexte des motifs d'accusation devant lesquels ils ne pouvaient en aucun cas et d'aucune manière se défendre.

Réf bibliques : Nombres : 20 V 24 ; 27 V 12 - 14.

Aaron va être recueilli auprès de son peuple ; car il n'entrera point dans le pays que je donne aux enfants d'Israël, parce que vous avez été rebelles à mon ordre, aux eaux de Meriba.

L'Eternel dit à Moïse : Monte sur cette montagne d'Abarim, et regarde le pays que je donne aux enfants d'Israël.

Tu le regarderas ; mais toi aussi, tu seras recueilli auprès de ton peuple, comme Aaron, ton frère, a été recueilli.

Parce que vous avez été rebelles à mon ordre, dans le désert de Tsin, lors de la contestation de l'assemblée, et que vous ne m'avez point sanctifié à leurs yeux à l'occasion des eaux. Ce sont les eaux de contestation, à Kadès, dans le désert de Tsin.

Et comme nous venons de le démontrer, le contenu des versets précédemment cités nous confirme la machine combien dangereuse et dévastatrice était devenu le ministère de la montagne qui n'a épargné aucun individu de son adoration de la mort par motifs d'accusation, non qu'il y aurait de raté dans sa mise en place, mais parce que corrompu et dérouté par le malin pour satisfaire à ses désirs et soif de méchanceté et de perte des âmes.

Mais face à ce large et spacieux chemin d'adoration et conduisant inévitablement à la mort selon les mots du seigneur Jésus, apparaîtra un autre resserré et étroit qui ne se retrouve que par seulement peu de gens cependant, reste le meilleur ; le sûr et pouvait assurer la bonne destination salutaire aux âmes des croyants qui y empruntent.

Ce chemin aura pour nom d'appellation, la croix et se révélera tel le ministère de la croix ; de L'Esprit ou de la justice ou encore l'Evangile.

Réf bibliques : Mathieu : 7 V 13 - 14.

Entrez par la porte étroite. Car large est la porte, spacieux est le chemin qui mènent à la perdition, et il y a beaucoup qui entrent par là.

Mais étroite est la porte, resserré est le chemin qui mènent à la vie, et il y en a peu qui les trouvent.

Ainsi, du contenu de ces quelques versets, nous découvrons en version originale les propos du seigneur Jésus qui qualifiait les deux différents ministères à savoir, la montagne et la croix par des portes et chemins dont les uns destinés pour la perdition et les autres pour la vie.

Mais pendant qu'on y est, il nous revient de remonter à l'usage de la pendaison dans la tradition juive comme moyen d'exécution de sentence pénale, et qui se révèlera comme moyen approprié et choisi par le Dieu souverain pour régler le compte de celui qui est allé s'ériger en dieu sur le sommet pour veiller à la perte des âmes qu'il soumettait à de différentes formes d'accusations et cela sous l'égide de la loi.

Il y aura ainsi un farouche et décisif combat d'un seul et unique rong entre le diable dans la figure du serpent et le Fils unique de Dieu dans la figure de l'agneau sans tâches et sans défauts.

Il l'annoncera alors en des termes ci-après :

Réf bibliques : Jean : 3 V 14 - 16.

Et comme Moïse éleva le serpent dans le désert, il faut de même que le Fils de l'homme soit élevé, afin que quiconque croît en lui, ait la vie éternelle.

Car Dieu à tant aimé le monde qu'il a donné son Fils unique, afin que quiconque croît en lui ne périsse point, mais qu'il ait la vie éternelle.

Et comme l'a si bien présenté le contenu des versets ci-dessus, le combat n'aura pas lieu en bas sur la terre, mais en haut c'est à dire au ciel où le malin allait profiter de l'évènement du désert dans lequel un serpent d'airain avait été élevé en guise de solution à une situation ponctuelle pour s'ériger en sauveur au cœur des croyants corrompus par le péché au point de commencer par tirer d'eux, la gloire d'adoration digne d'un sauveur.

Réf bibliques : 2 Rois : 18 V 4 - 5.

Il fit disparaître les hauts lieux, brisa les statues, abattit les idoles, et mit en pièces le serpent d'airain que Moïse avait fait, car les enfants d'Israël avaient jusqu'alors brûlé des parfums devant lui : on l'appelait Nehuschtan.

Il mit sa confiance en l'Eternel, le Dieu d'Israël ; et parmi tous les rois de Juda qui vinrent après lui ou qui le précédèrent, il n'y en a eut point semblable à lui.

Et voilà ci-dessus en contenu, les versets qui témoignent du comportement odieu qu'avaient développé les enfants d'Israël par leur vie d'adoration dans laquelle ils avaient détourné leurs yeux du Dieu d'Israël qui les avait délivré à bras puissant du pays d'Egypte et les avait tout le temps conduit à travers les temps et des générations jusqu'à leur découverte de la vie sous des autorités royales, pour se tourner vers des idoles non seulement étrangères mais la statue en serpent d'airain hérité de leurs pères et qui était alors une réponse ponctuelle à une situation ponctuelle et ne devrait en aucun cas et d'aucune manière faire objet d'héritage.

Mais c'est l'œuvre du diable, sachant que les croyants à cause de la semence du péché en eux, ce qui causait leur attachement aux choses visibles parce que morts dans leurs esprits, s'évertuera à les exciter à commencer par identifier le dieu qui avait secouru leurs pères en cette statue au point de commencer par lui faire des offrandes d'adoration, et ce faisant, c'est lui le dieu de ce siècle, l'usurpateur de titre et de dignité qui en définitif recevait tout cet honneur quoique malsain.

Mais avant d'aller plus en profondeur de notre développement, il convient de rappeler que depuis l'avènement du péché, le ciel connu de tous comme le siège de Dieu et en direction duquel les regards étaient généralement tournés en cas de secours pour le peuple, était fermé sur la tête des croyants, ce qui devrait permettre à Lucifer en tant que Satan c'est à dire le séparateur de s'établir et asseoir son règne entre le Ciel de Dieu et la terre des humains.

Et désormais, il pouvait se réclamer lui-même dieu, jusqu'à s'ériger en apporteur de solutions aux différentes situations que rencontrent les humains en général et les croyants en particulier, et cela toujours à cause de la corruption du cœur de l'homme par la connaissance du péché.

Le Ciel étant ainsi fermé, il sera désormais difficile voir parfois impossible aux volontés célestes d'atteindre la terre et également les prières des croyants de monter au trône de l'Eternel Dieu, parce que le malin les en empêchait.

Il faut souligner que nous insistons au passage sur ces détails nécessaires dans le but de mieux préparer nos lecteurs en général et nos partenaires de lecture en particulier sur l'intérêt à élever la victime par pendaison sur une perche et par la suite sur la croix et cela par référence aux attitudes religieuses dont l'une serait de lever les yeux ou regards vers les cieux en signe d'adresse de diverses prières en l'honneur de l'Eternel.

Et c'est la fin de ces regards élevés vers le Ciel que va occuper le malin pour se faire passer pour Dieu, asseoir son règne afin de mieux décider du sort de tout ce qui est sur terre ou sous le soleil.

Réf bibliques : Daniel : 10 V 12 - 14 ; 2 Thessaloniciens : 2 V 4, 8 - 10.

Il me dit : Daniel, ne crains rien ; car dès le jour où tu as eu à cœur de comprendre et de t'humilier devant ton Dieu, tes paroles ont été entendues, et c'est à cause de tes paroles que je suis là.

Le chef du royaume de Perse m'a résisté vingt et un jours ; mais voici, Micaël, l'un des principaux chefs, est venu à mon secours, et je suis demeuré là auprès des rois de Perse.

Je viens maintenant pour te faire connaître ce qui doit arriver à ton peuple dans la suite des temps ; car la vision concerne encore ces temps-là.

L'adversaire qui s'élève au-dessus de tout ce qu'on appelle Dieu ou de ce qu'on adore, jusqu'à s'asseoir dans le temple de Dieu, se proclamant lui-même Dieu.

Et alors paraîtra l'impie, que le Seigneur Jésus détruira par le souffle de sa bouche, et qu'il anéantira par l'éclat de son avènement.

L'apparition de cet impie se fera par la puissance de Satan, avec toutes sortes de miracles, de signes et de prodiges mensongers.

Et avec toutes les séductions de l'iniquité pour ceux qui périssent parce qu'ils n'ont pas reçu l'amour de la vérité pour être sauvés.

Ainsi, se présente le contenu desdits versets lesquels nous permettent de retracer un temps soit peu la guerre que lucifer a tout le temps livrée contre les croyants et contenu de le faire contre ceux qui n'ont pas encore accepté l'Evangile de Dieu ou la vérité en Christ pour être affranchis, en empêchant le rétablissement de toute connexion entre le Ciel et le croyant pécheur vivant sur la terre.

Et c'est bien ce que traduisait la position qu'il occupait dans la figure du serpent d'airain élevé au-dessus de la perche comme approche de solution ponctuelle dans cette situation.

Il faut ajouter que derrière l'image du serpent dans ce cas précis qui était fait précisément à base d'airain et non autre matière puisqu'il y en avait plusieurs de disponible, se cachaient de riches enseignements assortis de profondes révélations sur lesquelles nous ne saurions en mesure d'aborder tout de suite, toujours à cause du niveau spirituel de plusieurs des croyants qui souffrent encore cruellement de véritable base doctrinale approuvée par le Saint-Esprit.

Toutefois, il sera important comme ligne de direction évangélique de savoir que la force du diable contre les croyants réside dans sa bonne appréhension et connaissance de la loi et ne sera capable de quoique ce soit si la loi n'existait pas.

Voilà pourquoi, le combat que viendra lui livrer le Fils de l'homme ne sera pas de type musculaire comme c'est de l'habitude d'après la sagesse des hommes, mais d'une sagesse purement spirituelle et qui se traduira par l'observation intégrale ; régulière et complète de la loi, conformément à l'exigence de cette dernière.

Réf bibliques : Romains : 7 V 7 ; 10 V 5 ; Galates : 3 V 23 - 24.

Que dirons-nous donc ? La loi est-elle péché ?

Loin de là ! Mais je n'ai connu le péché que par la loi. Car je n'aurais pas connu la convoitise, si la loi n'eût dit : Tu ne convoiteras point.

Et le péché saisissant l'occasion produisit en moi par le commandement toutes sortes de convoitises ; car sans loi le péché est mort.

En effet, Moïse définit ainsi la justice qui vient de la loi : L'homme qui mettra ces choses en pratique vivra par elles.

Avant que la foi ne vint, nous étions enfermés sous la garde de la loi, en vue de la foi qui devait être révélée.

Ainsi la loi a été comme un pédagogue pour nous conduire à Christ, afin que nous fussions justifiés par la foi.

Et voilà à partir du contenu des versets ci-dessus nous pouvons nous rafraîchir un temps soit peu la mémoire par rapport au rôle de la loi et ses conséquences sur la vie des croyants.

C'est toujours cette même loi qui allait maintenir pendant tout le temps les croyants sous la malédiction en ne leur offrant aucune porte de sortie par un quelconque moyen de leurs efforts personnels.

Cela s'avère important voir indispensable pour une bonne base évangélique afin de comprendre combien le malin est impuissant et incapable de quoique ce soit sur la vie du croyant sans l'aide incontournable et inconditionnelle de la loi.

D'où l'importance de la connaissance de l'Evangile comme préalable pour toute éventuelle prétendue relation avec Dieu.

Cependant, cette loi laquelle traduit la personne juste et parfaite de l'Eternel Dieu qui avait été donnée à l'homme pour lui apprendre à mener une vie sur terre conforme à la volonté de son Dieu sera mal appréhendée et comprise par ce dernier et bien sûr avec l'aide du malin et deviendra le mûr contre lequel celui-ci cognera la tête et tombera dans les mailles de Satan.

Il aura connu le péché et sera déconnecté de Dieu parce que mort dans son esprit, élément fondamental, indispensable le constituant pour maintenir la relation avec Dieu qui est le Père des esprits.

Ceci dit qu'au regard de Dieu, tout les soucis des croyants en passant par l'homme en rapport avec lui, tourne autour de la connaissance de la loi laquelle reste intransigeante et inflexible comme partenaire de vie impliquant la personne de Dieu.

Il faut souligner qu'il y a la notion des différents cieux sur lesquels nous n'allons pas pouvoir en faire de développement de peur de sortir de notre étude toutefois, les expressions telles que : la mort ; le séjour des morts ; lieu saint et autres sur lesquelles les saintes écritures ont par endroits fait mention, sont purement spirituelles et n'ont en réalité rien à avoir avec la terre solide ou le sol qui par moment est creusé pour y déposer les cadavres ou enterrer les corps sans vie des êtres vivants desquels nous sommes appelés à nous séparer.

Mais pendant que nous revenons à notre sujet de base, il convient de rappeler qu'une autre image de la montagne se traduit par l'ensemble des entités spirituelles telles que : les dominations ; les autorités et toutes sortes de puissances invisibles établies dans les lieux célestes et ne confessant pas avec honneur la seigneurie de Jésus-Christ.

Et tous ces pouvoirs spirituels si nombreux et diversifiés qu'ils soient opèrent tous et religieusement sous l'autorité et la coordination du malin, c'est à dire lucifer en tant que dieu de ce siècle et œuvrant pour la division et le déchirement des croyants par des querelles, des civilisations et beaucoup d'autres connaissances susceptibles de les éloigner de leur créateur dans le but exclusif d'assurer la perte de ces différentes âmes chères, voir très chères à Dieu.

Réf bibliques Ephesiens : 6 V 12.

Car nous n'avons pas à lutter contre la chair et le sang, mais contre les dominations, contre les autorités, contre les princes de ce monde des ténèbres, contre les esprits méchants dans les lieux célestes.

Et voilà en contenu détaillé le staff organisationnel et dirigeant installé par le Diable au-dessus des croyants pécheurs pour tenter de maintenir continuellement son règne et sa domination sur eux, se passant pour leur dieu et cela au grand dam de leurs différents efforts personnels en guise d'adoration.

Ils auront ainsi et à partir de leur position élevée le contrôle absolu sur la vie des croyants lesquels d'ailleurs demeurent sous la captivité du péché et de la loi, et ne pouvaient aucunement se délivrer par un quelconque effort personnel.

L'élévation du seigneur et sauveur Jésus-Christ en tant qu'agneau sans défaut et sans tâches s'imposera comme seule et unique alternative pour défier l'ensemble de ces entités dans un combat qui passera par la mise en application ou en pratique de la loi ou les commandements de la loi.

Et ce sera à cette seule condition que sa réussite se traduira par la victoire sur elles avec pour conséquences, la délivrance et la libération de toutes les âmes des croyants enchaînées dans les différentes prisons de la mort, et non seulement cela, son précieux sang allait aussi couler pour assurer désormais la victoire aux croyants étant admis à la nouvelle alliance et ouvrir le ciel qui autrefois était barricadé, fermé et interdit d'accès à ces derniers à cause de leur état de péché et exposé sans ambages à toutes les formes d'accusations.

Voilà pourquoi, après avoir exprimé à plusieurs reprises et devant ses disciples qui n'étaient pas du tout de son avis parce que, ignorant tout ce qui ce passait en ces moments précis de l'histoire de l'humanité son choix volontaire à se livrer à la mort sur la croix, veillera jusqu'à la prononciation au nom de l'humanité toute entière de l'expression capitale et décisive laquelle se résume en des termes suivants :

Réf bibliques : Jean : 17 V 4 ; 19 V 30.

Je t'ai glorifié sur la terre, j'ai achevé l'œuvre que tu m'as donnée à faire...

Quand Jésus eut pris le vinaigre, il dit : Tout est accompli.

Et, baissant la tête, il rendit l'esprit.

Ainsi, du contenu des versets ci-dessus, nous avons accès à quelques déclarations provenant de la bouche du seigneur et sauveur Jésus-Christ, lesquelles confirmaient l'œuvre achevée et mission accomplie.

Oui, l'œuvre d'aller au nom de tous les humains sans exception combattre le malin et tout son ordre par sa mort en sacrifice, et précisément et rigoureusement à la croix.

Il sera dit un peu plus haut qu'il allait rendre l'esprit après avoir déclaré que tout était accompli.

Cela s'avère si important puisqu'il était nécessaire que le corps soit séparé de l'esprit afin que celui-ci soit libre de continuer le reste de la mission laquelle nous le disions tantôt était purement spirituelle et c'est à l'esprit que revient le pouvoir légitime et le devoir de secourir l'âme.

Il faut rappeler que cela avait été prononcé à la croix et la première conséquence à cette déclaration était que le voile qui séparait le temple en des deux lieux, saint et très saint était déchiré en deux depuis le haut jusqu'en bas d'après les saintes écritures.

Réf bibliques : Mathieu : 27 V 51.

Et voici, le voile du temple se déchira en deux, depuis le haut jusqu'en bas, la terre trembla, les rochers se fendirent.

Ainsi, comme le déclare le contenu du verset ci-dessus, le voile qui avait existé depuis la construction du tabernacle et était resté jusqu'à l'avènement des différents temples auxquels le tabernacle avait cédé place, était déchiré, non pas du bas vers le haut un peu comme partant de l'effort de l'homme, mais plutôt l'inverse, ce qui traduit l'ouverture victorieuse du ciel au profit et au bénéfice de la terre et de ceux qui y habitent.

C'est le lieu de rappeler que ce voile correspond à la porte d'entrée du jardin d'Éden et plus précisément l'accès à l'arbre de vie qui avait été fermée contre tout éventuel retour de l'homme qui avait connu le péché et par conséquent mis à l'extérieur dudit jardin.

Cette porte sera désormais gardée par des chérubins protecteurs ayant les épées flamboyantes à la main et qu'ils agitaient en prévention à toute tentative de retour de l'homme quelque soit le motif ou l'état d'âme.

C'est ce dispositif qui sera reproduit lors de la construction du tabernacle et maintenir dans le temple où l'intérieur desdits édifices sera séparé de manière à avoir un premier lieu réservé pour le service des sacrificateurs de classe ordinaire considéré comme le saint et un second réservé uniquement pour le souverain sacrificateur et qualifié du saint des saints.

Et ces deux lieux étaient séparés par un voile dans lequel était artistement travaillée la représentation imagée des chérubins ayant des épées à la main en signe de souvenir à l'héritage que leurs parents en les personnes d'Adam et Eve les avaient légué et qui était le péché.

Réf bibliques : Genèse : 3 V 24 ; Exode : 26 V 31 - 33 ; Hébreux : 9 V 6 - 7.

C'est ainsi que l'Eternel chassa Adam ; et il mit à l'orient du jardin d'Eden les chérubins qui agitent une épée flamboyante, pour garder le chemin de l'arbre de vie.

Tu feras un voile bleu, pourpre et cramoisi, et de fin lin retors ; il sera artistement travaillé, et l'on y représentera des chérubins.

Tu le mettras sur quatre colonnes d'acacia, couvertes d'or ; ces colonnes auront des crochets d'or, et poseront sur quatre bases d'argent.

Tu mettras le voile au-dessous des agrafes, et c'est là, en dedans du voile, que tu feras entrer l'arche du témoignage ; le voile vous servira de séparation entre le lieu saint et lieu très saint.

Or, ces choses étant ainsi disposées, les sacrificateurs qui font le service entrent en tout temps dans la première partie du tabernacle ;

Et dans la seconde le souverain sacrificateur seul entre une fois par an, non sans y porter du sang qu'il offre pour lui-même et pour les péchés du peuple.

De ces quelques versets donc, nous retraçons quelques dispositifs sous l'ancienne alliance qui avaient une signification informative et instructive au profit de tout le peuple croyant et particulièrement ceux qui avaient à charge la gestion des affaires liées à l'autel lequel était au cœur de l'adoration que ce peuple offrait à Dieu.

Et comme nous le disions tantôt, ce voile était le symbole du ciel qui pour raison de péché était fermé au-dessus des croyants, une situation qui profitait au diable et lui permettait d'y asseoir davantage son règne afin de se faire passer pour Dieu.

Les choses étant ainsi disposées, il était nécessaire que celui qui sera prêt à le combattre puisse accepter monter à cette hauteur pour s'assurer de pouvoir lui livrer la bataille avec objectif de renverser son trône et tout ce qu'il aurait installé comme composant de son pouvoir de fraude et finalement lui arracher le pouvoir et la position qu'il s'étaient frauduleusement offerts pour que l'accès à l'arbre de vie puisse être dorénavant accordé aux croyants ayant accepté par la fois cette œuvre de victoire et de triomphe.

On parlera alors de l'œuvre de la rédemption au bénéfice des croyants pécheurs pour leur justification ou le salut de leurs âmes.

Et c'est bien ce que plusieurs souverains sacrificateurs de nature pécheresse avaient essayé avec à la clé, le sang des animaux sans succès, mais que le Fils de l'homme ; l'agneau de Dieu sans tache et sans défauts ; le souverain sacrificateur de nature juste et parfaite avec son propre sang allait réussir à faire par le don sacrificiel de sa propre vie et l'emprunt du chemin de la honte et de l'humiliation que révèle la mort sur la croix.

Réf bibliques : Hébreux : 7 V 22 - 23 ; 9 V 12 - 14.

Jésus est par cela même le garant d'une alliance plus excellente.

De plus, il y a eu des sacrificateurs en grand nombre, parce que la mort les empêchait d'être permanents.

Et il est entré une fois pour toutes dans le lieu très saint, non avec le sang des boucs et des veaux, mais avec son propre sang, ayant obtenu une rédemption éternelle.

Car si le sang des taureaux et des boucs, et la cendre d'une vache, répandue sur ceux qui sont souillés, sanctifient et procurent la pureté de la chair, combien plus le sang de Christ, qui par un esprit éternel, s'est offert lui-même sans tache à Dieu, purifiera-t-il votre conscience des œuvres mortes, afin que vous serviez le Dieu vivant !

Nous avons ainsi en contenu ces quelques versets par lesquels l'œuvre exceptionnelle du sauveur Jésus-Christ à travers la croix s'avère nécessaire voir indispensable pour délivrer l'humanité toute entière de la servitude mondaine ; de l'esclavage du péché et de la malédiction de la loi pour un processus de réconciliation de l'homme en général et du croyant en particulier avec le Dieu vivant et fidèle.

Toujours concernant cette œuvre sacrificielle du sauveur Jésus-Christ au sujet de laquelle nous ne finirons jamais d'en décripter, il sera encore plus intéressant de nous informer davantage sur quelques aspects du résultat de cette bataille de triomphe menée par le seigneur Jésus en s'offrant lui-même sur la croix.

Réf bibliques : 2 Corinthiens : 5 V 21 ; Colossiens : 2 V 13 - 15.

Celui qui n'a point connu le péché, il l'a fait devenir péché pour nous, afin que nous devenions en lui justice de Dieu.

Vous qui étiez morts par vos offenses et par l'incirconcision de votre chair, il vous a rendus à la vie avec lui, en nous faisant grâce pour toutes nos offenses.

Il a effacé l'acte dont les ordonnances nous condamnaient et qui subsistait contre nous, et il l'a détruit en le clouant à la croix.

Il a dépouillé les dominations et les autorités, et les a livrées publiquement en spectacle, en triomphant d'elles par la croix.

Et voilà en contenu ci-dessus les preuves témoignant de ce que l'œuvre unique et inégalée par l'offrande volontaire du corps du seigneur et sauveur Jésus-Christ à la croix a données pour bénéfice en faveur de ceux qui ont décidé d'accepter par la foi Jésus-Christ comme leur seigneur et sauveur personnel.

Toutefois, il sera encore plus intéressant de rappeler que sur cette montagne existaient d'autres dimensionnements du diable qualifiés de dominations et d'autorités constituées des anges déchus et rattachés à lucifer pour s'ériger en dieux et maîtres sur ce peuple pour lui imposer leurs volontés et lui dicter leurs lois.

Il était alors important que ces méchants serviteurs soient dépouillés des pouvoirs qu'ils se sont frauduleusement donnés et par lesquels ils pouvaient allègrement abuser au mépris de la dignité humaine.

Le seigneur et sauveur Jésus-Christ par sa mort à la croix, ne leur fera aucun cadeau, mais il allait non seulement les dépouiller de tout le pouvoir que leur chef le diable avait arraché par usage de la ruse et de la séduction des mains du premier Adam alors qu'il était encore à l'intérieur du jardin d'Eden, conformément à la sentence prophétique qui avait été dite sur lui dans le corps du serpent.

Réf bibliques : Genèse : 3 V 14 ; Apocalypse : 1 V 17 - 18.

Je mettrai inimitié entre toi et la femme, entre ta postérité et sa postérité : celle-ci t'écrasera la tête, et tu lui blaisseras le talon.

Quand je le vis, je tombai à ses pieds comme mort. Il posa sur moi sa main droite, en disant :

Ne croins point ! Je suis le premier et le dernier, et le vivant.

J'étais mort ; et voici, je suis vivant aux siècles des siècles.

Je tiens les clés de la mort et du séjour des morts.

Et c'est le lieu de rappeler que chacune de ces clés susmentionnées, symbolisait une parcelle de pouvoir que Dieu avait remis à l'homme et qui finira par se retrouver aux mains du diable et désormais retourné contre ce dernier.

Et pour rappel, qu'il vous souvienne que c'est bien à l'homme que l'Eternel Dieu avait donné le pouvoir pour dominer et assujettir la terre et tout ce qu'elle renferme.

Mais ce pouvoir lui sera enlevé avec ruse par le diable dans la figure du serpent et finira par l'utiliser contre l'homme par un processus inversé de l'ordre divin.

Le seigneur Jésus-Christ en qualité de la postérité prophétique de la femme et dans la figure du second Adam, viendra prendre sur le malin, la vengeance de ses frères en le combattant avec victoire et lui arracher par récupération tout ce qu'il avait réussi à enlever des mains du premier Adam.

Et ce sera le deuxième combat de foi de l'histoire de l'humanité dont le premier avait été un échec pour l'homme et par lui pour toute l'humanité au profit du diable, mais le second sera du remontada par les soins appropriés du Fils de l'homme.

Réf bibliques : Apocalypse : 12 V 10 - 12.

Et j'entendis dans le ciel une voix forte qui disait : Maintenant le salut est arrivé, et la puissance, et le règne de notre Dieu, et l'autorité de son Christ ; car il a été précipité, l'accusateur de nos frères, celui qui les accusait devant notre Dieu jour et nuit.

Ils l'ont vaincu à cause du sang de l'agneau et à cause de la parole de leur témoignage, et ils n'ont pas aimé leur vie jusqu'à craindre la mort.

C'est pourquoi réjouissez-vous, cieux, et vous qui habitez dans les cieux.

Malheur à la terre et à la Mer ! Car le diable est descendu vers vous, animé d'une grande colère, sachant qu'il y a peu de temps.

Ainsi, le combat a eu vraiment lieu et sous l'autorité de l'agneau immolé, les anges avaient combattu et remporté la victoire sur l'accusateur des frères du Seigneur à qui la révélation de son précieux sang avait été donnée comme garant de leur victoire par la foi laquelle exige la confession de la parole encore appelée le témoignage.

Oui ! Ce sera la victoire cuissante de la postérité de la femme sur le diable non par l'emploi du mensonge comme le mode de faire du diable, mais la vérité et le Fils est la vérité.

Mais autre aspect de cet événement inédit est que le Fils de l'homme ne livrera pas la bataille en cachette comme pour laisser place aux doutes, mais au grand public, de manière à se servir de l'occasion pour offrir du spectacle au regard de tous ordres et de tous horizons, et cela pour la joie ineffable et inépuisable des siens puisqu'il sera donné d'après le contenu des précédents versets aux frères, le droit de se réjouir à cause de ce que leurs yeux avaient vu et dont ils étaient témoins.

Etude de la capacité du diable à maintenir son influence sur les croyants.

Il nous plaît suivant le développement de notre étude de souligner le caractère très important voir capital de ce chapitre qui mérite autant de disponibilité que nous ne le pensions.

Il sera ainsi constaté ce qui suit :

Réf bibliques : Colossiens : 2 V 14.

Il a effacé l'acte dont les ordonnances nous condamnaient et qui subsistait contre nous, et il l'a détruit en le clouant à la croix.

Ainsi, de sa position de victime clouée à la croix, il sera révélé qu'il avait réussi à effacer l'acte dont les ordonnances nous condamnaient c'est à dire les croyants pécheurs, et qui subsistait contre nous, et non seulement cela, mais il veillera à le détruire.

Mais de quel acte s'agit-il, et dont l'effacement et la destruction paraissaient aussi importants pour le Seigneur dans ce combat sans merci, m'interroge-je ?

Du parcours de notre expérience du ministère évangélique, il nous a été donné d'être confronté à ce mythe lequel pour la plus part du temps avait obtenu pour élément de réponse, le péché.

Et cela taraude encore et toujours dans les pensées de plusieurs des croyants simplement à cause de leur mauvaise compréhension sur l'élément péché et principalement défaut de connaissance de l'Evangile.

C'est pourquoi nous estimons heureux quiconque a reçu la grâce d'avoir en partage les riches révélations qu'offre cet ouvrage aux amoureux de lecture en général et nos partenaires de lecture en particulier.

Cependant, avant de répondre à la préoccupation, il nous plaît de prendre en considération les références suivantes.

Réf bibliques : Galates : 3 V 19.

Pourquoi donc la loi ? Elle a été donnée ensuite à cause des transgressions, jusqu'à ce que vint la postérité à qui la promesse avait été faite ; elle a été promulguée par des anges, au moyen d'un médiateur.

Du contenu donc des versets ci-dessus, nous trouvons que la loi allait exister et finira par être promulguée pour cause des transgressions, le temps que la postérité à qui la promesse avait été faite ne puisse paraître ou naître.

Voilà ce que fera la volonté souveraine du Seigneur, et c'est le lieu de rappeler que la promulgation de la loi reste nécessaire pour usage dans la mesure où celle-ci n'est absolument d'aucune importance ou d'utilité tant qu'elle ne remplisse cette condition d'applicabilité.

Ainsi, la loi si bonne et si riche ou encore si adaptée qu'elle pouvait paraître en réponse à une situation donnée ne sera pas différente d'une femme stérile aux mains des nécessiteux ou législateurs, jusqu'au jour de sa promulgation laquelle la rendra opérationnelle et active.

C'est pourquoi la loi allait exister dans un premier temps, et l'Eternel Dieu en vue de la poursuite de sa relation avec les humains, allait procéder à sa promulgation et cela par les soins des anges avec à leur tête un médiateur en la personne du prophète Moïse.

Et désormais le peuple pouvait librement et aisément commencer par reconnaître des autorités à divers niveaux et organiser la société dans ses différentes divisions administratives.

Mais malheureusement pour les croyants, la promulgation de la loi qui serait certainement un évènement festif pour toute la communauté, allait se transformer soudainement en un mûr auquel elle n'arrêtera de cogner la tête, et la suite sera la mort, et cela pour cause de mauvaise appréhension et interprétation.

Réf bibliques : Romains : 7 V 7 - 10

Que dirons-nous donc ? La loi est-elle péché ?

Loin de là ! Mais je n'ai connu le péché que par la loi.

Car je n'aurais pas connu la convoitise, si la loi n'eût dit : Tu ne convoiteras point.

Et le péché, saisissant l'occasion, produisit en moi par le commandement toutes sortes de convoitises ; car sans loi le péché est mort.

Pour moi, étant autrefois sans loi, je vivais ; mais quand le commandement vint, le péché reprit vie, et moi je mourus.

Ainsi, le commandement qui conduit à la vie se trouva pour moi conduire à la mort.

Du contenu de ces quelques versets ci-dessus, nous trouvons la démonstration profondément inspirée de l'apôtre Paul au sujet du rapport évaluatif entre la loi et l'homme ou le croyant vaincu et contrôlé par le péché.

Et c'est le lieu de rappeler aux croyants chrétiens assoiffés de la bonne compréhension des saintes écritures que l'apôtre Paul dans son allocution ne parlait de lui-même comme faisant un bilan sur sa vie spirituelle, mais plutôt au nom de tous les croyants ayant reconnu leur lien avec la nature pécheresse adamique à laquelle la loi allait s'imposer comme enseignante ou pédagogue pour les conduire à Christ selon la bonté et le don de la grâce du Seigneur pour obtenir par la foi le salut de leurs âmes.

Et c'est bien ce que nous confirment les saintes écritures concernant le rapport évaluatif de la collaboration entre l'homme et la loi.

Réf bibliques : Romains : 3 V 19 - 20 ; 5 V 12 - 13 ; Galates : 3 V 24 - 25.

Or, nous savons que tout ce que dit la loi, elle le dit à ceux qui sont sous la loi, afin que toute bouche soit fermée et que tout le monde soit reconnu coupable devant Dieu.

Car nul ne sera justifié devant lui par les œuvres de la loi, puisque c'est par la loi que vient la connaissance du péché.

C'est pourquoi, comme par un seul homme le péché est entré dans le monde, et par le péché la mort, et qu'ainsi la mort s'est étendue sur tous les hommes, parce que tous ont péché.

Car jusqu'à la loi le péché était dans le monde.

Or, le péché n'est pas imputé, quand il n'y avait point de loi.

Ainsi, la loi a été comme un pédagogue pour nous conduire à Christ, afin que nous fussions justifiés par la foi.

La foi étant venue, nous ne sommes plus sous ce pédagogue.

De par ces versets ci-dessus, nous confirmons la démonstration écrite que nous avions commencé un peu plus haut et par laquelle l'apôtre allait insister par l'usage des formules appropriées certainement dans l'intention de persuader les croyants qui malgré cela continuent de peiner à s'aligner avec ces riches révélations lesquelles toutefois, ne sont accessibles qu'avec l'aide du Saint-Esprit.

Par ailleurs, il importe de souligner que les expressions telles que : la loi vint ; sans loi ou encore jusqu'à la loi pour ne citer que celles-là, traduisent la phase de la promulgation de la loi, comme nous l'avions précédemment évoqué, en ce que la loi non promulguée est un peu comme inexistante, donc incapable de servir.

A présent, nous estimons normal de retourner à l'objectif de notre chapitre après avoir levé tous les points jugés d'ombre à la bonne compréhension de notre développement.

Ceci étant, il s'avère nécessaire et très important de souligner que l'acte que le seigneur Jésus avait effacé et détruit durant son passage à la croix était celui de la promulgation de la loi.

Ce qui voudra signifier que la loi va demeurer en état de légifération communément appelée vote législative, mais ne pourra plus poursuivre le fautif parce qu'il aura été accomplie pour révéler son véritable sens lequel correspond à l'amour de Dieu manifesté par le Fils pour la cause de toute l'humidité en général et les croyants en particulier.

Voilà pourquoi, la signature qui avait servi à la promulgation de la loi sera rigoureusement effacée par le Seigneur et non seulement cela, mais le support entièrement détruit de manière à tourner une fois pour toute, cette triste page de l'histoire de l'humanité.

Un peu avant sa crucifixion, le seigneur et sauveur Jésus-Christ pouvait tenir des déclarations lesquelles seront confirmées avec l'aide du Saint-Esprit par le biais de certains de ces disciples en termes suivants :

Réf bibliques : Mathieu : 5 V 17 - 18 ; Romains : 7 V 12 - 13.

Ne croyez pas que je sois venu pour abolir la loi ou les prophètes ; je suis venu non pour abolir, mais pour accomplir.

Car, je vous le dis en vérité, tant que le ciel et la terre ne passeront point, il ne disparaîtra pas de la loi un seul iota ou un seul trait de lettre, jusqu'à ce que tout soit arrivé.

La loi donc est sainte, et le commandement est saint, juste et bon.

Ce qui est bon a-t-il été pour moi une cause de mort ?

Loin de là ! Mais c'est le péché, afin qu'il se manifesta comme péché en me donnant la mort par ce qui est bon, et que, par le commandement, il devint condamnable au plus haut point.

Ainsi, nous pouvons à partir du contenu des versets ci-dessus s'offrir un aperçu plus simplifié de ce qui revient de normal de savoir concernant la loi en tant que personne morale de Dieu et qui sera accomplie pour révéler l'amour de Dieu pour l'homme.

Elle va présenter à l'appréciation des croyants deux différentes formes dont l'une extensible et l'autre compressée.

Ainsi, le prophète Moïse allait présenter au peuple de Dieu la forme extensible de la loi laquelle par endroit sera qualifiée des dix commandements et peut être plus que cela et dont l'observation était devenue une casse-tête au quotidien pour le peuple déjà captif du péché.

Et cette forme extensible de la loi correspond à l'expression de la montagne dont le ministère n'avait profité au diable qu'à ceux à qui elle était destinée. Et le comble est qu'elle aura servi à les dévorer et les engloutir sans ménager ni adorateurs de classe ordinaire ni celui de classe privilégiée.

Mais le fils de l'homme ; le Fils unique, l'agneau de Dieu ; le réparateur des brèches ; la révélation parfaite du Dieu invisible, le seigneur et sauveur Jésus-Christ viendra plus tard apporter à la connaissance des croyants qui auront cru en lui, la forme compressée ou réduite de la même loi et au travers d'elle, révélera l'amour de Dieu envers les humains en général et les croyants en particulier.

Réf bibliques : Jean : 13 V 34 - 35 ; 15 V 12.

Je vous donne un commandement nouveau : Aimez-vous les uns les autres ; comme je vous ai aimés, vous aussi, aimez-vous les uns les autres.

A ceci tous connaîtront que vous êtes mes disciples, si vous avez de l'amour les uns pour les autres.

C'est ici mon commandement :

Aimez-vous les uns les autres, comme je vous ai aimés.

Nous avons ainsi à partir du contenu des versets ci-dessus la loi que le seigneur Jésus-Christ allait présenter sous la forme de l'amour lequel est en premier lieu orienté vers Dieu et en second lieu, orienté vers son prochain.

Toutefois, sur ces deux différents traits par lesquels il allait présenter la loi dans sa forme concise, il y aura le premier qui sera constaté très difficile voir impossible aux croyants qui ne pouvaient aimer que par le mensonge celui qu'il ne voyaient pas pendant qu'ils étaient incapables d'aimer leurs prochains qu'ils côtoyaient au quotidien.

Le Seigneur en bon leader, allait accomplir en leurs noms la part qui était réservée en l'honneur de l'Eternel Dieu et l'avait même démontré en donnant sa vie pour le peuple de son Père.

Voilà pourquoi, il leur demandera désormais d'avoir de l'amour les uns pour les autres puisque, pour ce qui concerne la part réservée en l'honneur de Dieu, il s'en était occupée déjà.

Et nous croyons avoir suffisamment et largement apporté d'éléments de réponse à ce qu'il y a lieu de savoir concernant la loi dans ses différents aspects.

Cependant, en ce qui concerne la capacité du diable à maintenir son règne quoique vaincu il y a plus de deux mille ans déjà, et même continuer d'exercer son influence sur toute la terre en général et les croyants en particulier, il est à noter qu'à l'image de la loi qui n'avait pas été abolie par le Seigneur malgré son accomplissement, le diable non plus n'était pas tué et sa défaite dans la bataille ne correspondait pas à sa mort.

Et puisqu'il est habilité à faire usage de ruse en se passant pour ce qu'il n'est pas, les scénarios vont continuer à la différence qu'il ne pouvait plus décider de qui que ce soit, sinon des croyants qui végètent toujours dans l'ignorance au sujet de la vérité évangélique.

Et sa ruse sera désormais plus concentrée dans les manœuvres de l'intimidation et l'usage de peur de décider du sort de quelqu'un quoique n'ayant plus ce pouvoir parce que la loi est désormais accomplie et aboutir à son dépouillement total et définitif.

Pour corroborer notre réflexion, prenons l'exemple d'un officier ou simple agent de la police ou des armées, c'est à dire un soldat de n'importe quel rang qui pour des raisons que nous jugeons inutile d'en faire mention a été démis de ses fonctions et radier du corps et à qui les différentes uniformes de service n'avaient pas été retirées.

Cet individu désormais ex-agent de la police ou des armées animé par une mauvaise intention ou en quête de quoi satisfaire ses besoins peut être d'ordre financier, pouvait toutefois remettre ses anciennes tenues restées à sa disposition et se lancer pour usage frauduleux desdits moyens de l'état pour satisfaire ses intentions peu importe la méthode d'emploi qu'il aurait choisi, jusqu'à ce qu'il ne se fasse arrêter un jour pour faux usage de pouvoir public ou d'usurpation de titre.

Pendant ce temps de ses salles besognes, quiconque le verrait et qui ne le connaissait pas comme déjà radié, pouvait lui offrir la même considération due à son rang à partir de sa tenue et même tenter le solliciter au besoin pour des services de circonstance.

Et cet exemple a été choisi parce qu'il s'agit des faits lesquels sont courants dans le quotidien des demandeurs des services de l'État.

Et c'est exactement le même moyen qu'emprunte désormais le diable qui, quoique déjà dépouillé de tous les pouvoirs dans lesquels il se confiait autrefois et par lesquels il s'exerçait sa domination sur les croyants captifs du péché.

Le seigneur Jésus-Christ ayant triompher de lui par la croix, l'avait en conséquence réduit à nue et à vide de manière à ce qu'il ne pouvait plus d'aucune manière et d'aucune façon se reconstituer cependant, il pouvait toutefois continuer de manœuvrer par son art de mensonge et de tromperie afin de s'attirer les attentions et les regards des ignorants de la bonne conscience relative à l'œuvre de la rédemption de Christ qui reste d'une efficacité suffisamment redoutable et inégalable.

Réf bibliques : Jacques : 4 V 7 ; 1 Pierre : 5 V 8 - 9.

Soumettez-vous donc à Dieu ; résistez au diable, et il fuira loin de vous.

Soyez sobres, veillez.

Votre adversaire, le diable rôde comme un lion rugissant cherchant qui il dévorera.

Resistez-lui avec une foi ferme, sachant que les mêmes souffrances sont imposées à vos frères dans le monde.

Du contenu donc des versets ci-dessus, nous pouvons faire une lecture plus instructive en ce sens que le malin sera qualifié étant comme un lion.

Ce qui est important dans cette lecture est de constater que le diable n'est plus un lion même si dans un passé récent, il avait été considéré tel.

Oui ! Le diable fut un lion, non lui-même en tant que lucifer, mais à partir du pouvoir divin qu'il avait réussi à enlever des mains de l'homme pour finalement le retourner contre lui.

Et c'est ce pouvoir qui lui permettait de se réclamer lion et en tant que tel pouvait manipuler à son bon vouloir les croyants héritiers d'Adam qui n'avaient plus absolument aucun moyen de défense en face de lui, ce qui lui donnait d'ailleurs de se passer pour le dieu de ce siècle.

Mais à présent que le Seigneur Jésus-Christ lui a réglé son compte, il agit dorénavant comme un lion et ne le sera plus jamais.

Non ! Il n'est pas un lion, mais plutôt comme un lion. Et cela reste d'autant important d'en saisir comme information et plus qu'une information, mais une connaissance authentique de ce que l'œuvre de la rédemption du seigneur Jésus-Christ a produit dans la vie du croyant afin de le faire prendre conscience de son identité et de sa position de supériorité et d'invisibilité sur le malin et tout son ordre.

Il sera dit encore un peu plus haut toujours comme appelant à la conscience de justifié par l'œuvre de la croix de Christ, à lui résister et alors il fuira loin de croyant qui a appris à se soumettre à Dieu.

Se soumettre à Dieu appelle à la nouvelle conscience du croyant par l'appropriation de l'œuvre de la rédemption de Christ, laquelle change radicalement et catégoriquement les rapports de force entre la position du croyant avant et après la croix de Christ.

Cela devient encore plus évident, lorsqu'on considère que le seigneur Jésus-Christ, après sa victoire sur le diable à la croix avait reçu du Père le nom qui est au-dessus de tout nom, de sorte qu'en son nom, tout genoux fléchit dans les cieux, sur la terre et sous la terre, et toute langue confesse que Jésus-Christ est Seigneur pour toujours.

Réf bibliques : Philippiens : 2 V 8 - 11.

Il s'est humilié lui-même, se rendant obéissant jusqu'à la mort de la croix.

C'est pourquoi aussi Dieu l'a souverainement élevé, et lui a donné le nom qui est au-dessus de tout nom,

Afin qu'au nom de Jésus tout genoux fléchisse dans les cieux, sur la terre et sous la terre,

Et que toute langue confesse que Jésus-Christ est Seigneur, à la gloire du Père.

Oui ! Le petit Jésus, comme plusieurs aiment si tant le qualifié, l'agneau de Dieu, celui qui avait été méprisé ; châtié ; blessé pour nos péchés et livré à la mort par le chemin de la honte et de l'humiliation que représentait la croix, sera enfin récompensé par le Père pour son sacrifice volontier au profit de l'humanité toute entière et pour le salut des croyants restés autrefois captifs et esclaves du péché.

Ainsi, nous savons désormais que le diable est vaincu de manière définitive et dépouillé de tous les pouvoirs dans lesquels, ses acolytes et lui-même se confiaient pour maintenir leur règne hégémonique d'oppression et de persécution sur le monde en général et les croyants en particulier par la bataille que le seigneur Jésus-Christ les avait livrée et remportée sur eux à la croix de Golgotha, et cela pour la délivrance et la libération des croyants.

Ils sont dorénavant, des cadavres ambulants ; des faux soldats en uniforme ; des serpents sans venin ; des lions sans crocs et sans griffes donc incapable de tuer et enfin des démagogues.

Et cela s'avère nécessaire voir très importante comme connaissance à s'approprier par les croyants pour pouvoir mener désormais une vie victorieuse et triomphante en permanence face aux différentes manœuvres de séduction et de ruse auxquelles les malins les avait habituées, surtout que l'habitude étant une seconde nature dit-on !

Nous voyons ainsi le processus d'appel de la conversion du croyant envers Dieu ou la nouvelle naissance non sur le corps, mais dans la tête et précisément dans la conscience, et la gloire sera à l'Eternel Dieu par notre seigneur et sauveur Jésus-Christ, en qui, et par qui nous sommes bénis éternellement.

Chapitre : 5

Mystérieuse victoire de la croix sur la montagne.

Nous abordons ce chapitre de notre étude en rappelant que la victoire du chemin de la croix sur celui de la montagne traduit un réel mystère aux yeux de l'humanité toute entière et non seulement elle, mais aussi de tout le monde angélique.

Cela devient encore plus évident lorsqu'on considère l'impact du résultat de cette victoire sur l'univers tout entier et combien elle pouvait aussi réjouir le cœur de Dieu lui-même, une joie qui pouvait se traduire par la récompense qu'il avait accordée à son Fils qui de sa propre volonté, s'était livré en rançon pour lui offrir ce que son cœur avait tout le temps désiré, puisqu'il sera mentionné quelque part à travers les saintes écritures ce qui suit : Qui enverrai-je ?

Et qui marchera pour nous ?

Et cela parce que la terre était alors couverte des ténèbres et le cœur des hommes allait que vers le mal chaque jour qui leur était accordé.

Ce constat venant du ciel sera encore répété en des termes un peu plus réformés lesquels stipulent en : J'ai entendu les pleurs de mon peuple ; les cris que lui fait pousser le peuple d'Egypte et je suis descendu pour le secourir.

Il s'agissait là d'un peuple désespéré, réduire en esclavage et qui croupissait sous les bras zélés de torture de ses oppresseurs, quoiqu'étant celui de Dieu

Les prophètes à qui les yeux étaient ouverts pour constater, pouvaient s'interroger en termes suivants :

Réf bibliques : Esaïe : 49 V 24 - 26

Le butin du puissant lui sera-t-il enlevé ?

Et la capture faite sur le juste, échappera-t-elle ?

Oui ! Dit l'Eternel, la capture du puissant lui sera enlevée,

Et le butin du tyran lui échappera.

Je combattrai tes ennemis ;

Et je sauverai tes fils.

Je ferai manger à tes oppresseurs leur propre chair ;

Ils s'enivreront de leur sang comme du moût ;

Et toute chair saura que je suis l'Eternel, ton sauveur,

Ton rédempteur, le puissant de Jacob.

De par ces versets ci-dessus, nous notons combien inquiétante était la situation de l'humanité à l'époque, et ne présageait aucun horizon d'espoir sur lequel les peuples qui étaient sous l'oppression des tyrans pouvaient compter.

Ni les anges, ni les multiples serviteurs exerçant à l'époque au nom de Dieu n'y arrivaient à proposer une approche de solution concrète pouvant contribuer à la délivrance.

Cela était ainsi, et tous les regards étaient orientés sur le diable comme source principale de toutes les souffrances et les peines des humains.

Et pourtant, la première source des diverses souffrances auxquelles était soumise l'humanité toute entière, était une mauvaise appréhension et interprétation de la loi de Dieu le créateur de tous les humains à partir d'Adam et qui avait décidé à l'époque d'asseoir une base de relation amicale de partenariat avec l'homme en mettant à sa disposition des informations par lesquelles celui-ci pouvait s'offrir des garanties nécessaires pour un avenir meilleur et durable dans ledit partenariat.

Regardons alors la sagesse de Dieu à l'œuvre et pour l'intérêt de l'homme.

Réf bibliques : Genèse : 2 V 16 - 17.

L'Eternel Dieu donna cet ordre à l'homme : Tu pourras manger de tous les arbres du jardin, mais tu ne mangeras pas de l'arbre de la connaissance du bien et du mal, car le jour où tu en mangeras, tu mourras.

Et partant du contenu des versets ci-dessus, nous trouvons que l'Eternel Dieu en bon partenaire responsable prévenait les éventuels chocs qui pouvaient entraver sa collaboration avec l'homme en mettant très tôt à sa disposition les informations dont la prise au sérieux serait de grands atouts pour l'homme.

Et c'était la première figure de la loi, laquelle traduisait la personne de Dieu dans le but précis d'enseigner l'homme pour une bonne croissance en statut et en sagesse.

Et c'est cette même loi qui sera plutard promulguée au temps du prophète Moïse toujours dans le cadre d'enseigner l'homme et lui faire prendre conscience de son état de péché et de mort spirituel.

Cependant, il convient de rappeler que c'est bien à cette loi que le diable dans la figure du serpent allait donner une interprétation objective susceptible d'éloigner l'homme de son Dieu par une attitude corrompue de rébellion.

Il réussira son job et se réjouira de poser sa capture sur l'homme. La loi sera ainsi retournée contre l'homme en devenant une malédiction pour sa vie.

Ainsi, l'homme tombera d'un seul coup sous la captivité de plusieurs tyrans dont le péché ; la loi et enfin le diable, l'instigateur.

Nous pouvons comprendre donc par ce retracage des faits que le diable n'était que le dernier tyran à poser sa capture sur l'homme et n'avait absolument aucun pouvoir de décision sur ce dernier puisque c'est la loi qui avait prévu que la connaissance du péché devrait impérativement soumettre le sujet à la malédiction et conduire à la mort.

Voilà pourquoi le diable, dans cette chaîne d'esclavage allait se donner le rôle de porter des accusations contre l'homme devant l'autorité de la loi par des arguments solides, et capables de convaincre celle-ci à livrer la mise en cause à la mort, puisque lui-même est non seulement incompétent mais aussi incapable de décider du sort d'un être humain.

Et c'est malheureusement ce que nombre de croyants ignorent et continuent d'ignorer jusqu'à ce jour et ce faisant, s'inscrivent dans la droite ligne d'héritage de leur père Adam qui malencontreusement avait remis de ses propres mains, tout le pouvoir dont il était gratifié au diable.

Ce qui voudra dire que le diable n'a devant le croyant que le statut que celui-ci lui accorde et la parcelle de pouvoirs qu'il lui concède.

Voilà pourquoi, le plus grand mal qui pèse sur la vie des croyants n'est rien d'autre que l'ignorance laquelle est un état de vie qui les conduit à se dépouiller eux-mêmes pour habiller ou armer leur détracteur ou adversaire en la personne du diable.

Et comme nous l'avions précédemment et suffisamment démontré, le combat ou la bataille que le seigneur et sauveur Jésus ira livrer à Lucifer et tout son ordre à la croix se recentrera sur un seul et unique principe dont l'accomplissement de la loi, un peu comme la tête du montre à plusieurs corps à décapiter.

La tête sera écrasée et toute la charpente s'écroulera tranquillement et sûrement.

Il faut souligner que la loi, à certains endroits des saintes écritures et suivant le niveau des révélations sera présentée comme le serpent et partagera en commun le rôle d'accusateur avec le diable. Toutefois, nous ne saurions aborder maintenant et tout de suite ces aspects lesquels exigent des croyants une bonne et solide base évangélique pour ne pas s'égarer en bon chemin.

Le seigneur et sauveur Jésus-Christ, identifiera sa cible dans cette bataille pour laquelle il s'était donné volontier et réussira à l'atteindre par le principe légal de l'accomplissement de la loi.

Il faut ajouter qu'en présentant les révélations ainsi, cela à l'air facile et très simple, contrairement aux informations auxquelles les croyants sont habituées.

Et pourtant c'est la foi, laquelle passe par la conviction, puisque Jésus savait que s'il pouvait tenir par endurance jusqu'à prononcer l'accompagnement de la loi, tout serait réglé.

Ainsi, il ne s'occupait plus ni du diable ni des différentes autorités rattachées à sa personne et qui sont bien rompues à la manœuvre de l'intimidation et de séduction, mais focalisait tout son regard uniquement sur ce qu'il y avait lieu de faire pour que la loi soit officiellement déclarée, accomplie.

Ce qui d'après les saintes écritures avait provoqué le bouleversement de toute la charpente universelle depuis les cieux jusqu'à la terre, puisqu'après cette déclaration, il rendit L'Esprit.

Il s'agira d'une bataille victorieusement remportée, non par les œuvres même si elles ne sont pas à négliger, mais plutôt par la foi, et c'est à cela qu'il nous appelle en tant que croyants de tout bord et de tout horizon, ayant répondu à l'appel évangélique pour le salut de nos âmes par la foi en son œuvre et non par notre propre sagesse ou quelconque effort personnel.

Ainsi, la victoire mystérieuse de la croix sur la montagne réside dans l'engagement et la résolution personnelle à faire confiance à Dieu par Jésus-Christ dans une approche relationnelle basée non sur nos œuvres ou efforts personnels mais par la foi.

Réf bibliques : 1 Corinthiens : 1 V 17 - 18, 22 - 24 ; 2 V 2.

Ce n'est pas pour baptiser que Christ m'a envoyé, c'est pour annoncer l'Evangile, et cela sans la sagesse du langage, afin que la croix de Christ ne soit pas rendue vaine.

Car la prédication de la croix est une folie pour ceux qui périssent ; mais pour nous qui sommes sauvés, elle est une puissance de Dieu.

Les juifs demandent des miracles et les Grecs cherchent la sagesse :

Nous, nous prêchons Christ crucifié ; scandale pour les juifs et folie pour pour les païens.

Mais puissance de Dieu et sagesse de Dieu pour ceux qui sont appelés, tant juifs que Grecs.

Car je n'ai pas eu la pensée de savoir parmi vous autre chose que Jésus-Christ, et Jésus-Christ crucifié.

Nous découvrons à partir du contenu des versets ci-dessus l'investissement personnel et ministériel de l'apôtre qui n'arrêtait d'insister sur autre chose que le Christ et Christ crucifié dans la plupart de ses allocations.

Et cela s'avère si important comme devoir pour le prédicateur de la justice de Dieu ou de la réconciliation de l'homme avec Dieu dans un processus de la véritable conversion laquelle devrait être considérée comme un autre combat au niveau de la conscience du croyant pour le sortir de son ancien monde de captivité dans lequel il avait déjà un mode de vie spirituelle accroché aux œuvres de la loi comme condition sine quanum pour obtenir le salut de Dieu.

Ce qui se révélera plutard, faux et purement erronée comme compréhension de la volonté de Dieu envers l'homme.

Ainsi la grande porte ou large chemin dont la montagne qui emballe le grand nombre des croyants parce que siégeant dans la chair ou l'adoration charnelle, réputée bien plaisant à la nature pécheresse et contrôlée par le malin aura pour débouché, la perdition ou la perte des âmes des croyants.

Mais contrairement à la montagne, et en réponse à situation chaotique dans laquelle s'était retrouvé le grand nombre des croyants, sera inaugurée une nouvelle porte, un chemin resserré et étroit par les soins du seigneur et sauveur Jésus-Christ en vue de délivrer et de libérer les captifs du péché et du diable pour leur offrir la paix par leur réconciliation avec Dieu, leur Père.

On parlera de la porte du salut ou du gain des âmes, et sera qualifié d'Evangile de paix.

Ainsi, l'Evangile sera la victoire mystérieuse de la croix sur la montagne pour assurer le salut des âmes des croyants pécheurs.

Conclusion

C'est avec beaucoup enthousiasme et de soulagement que nous marquons la fin de ce travail sacerdotale et d'objectivité pour le bonheur des amoureux de la lecture en général et nos partenaires de lecture en particulier.

Et cela pour la simple raison que toutes les fois que nous nous souvenons de la grâce qui nous est accordée de porter à la face du monde des mystères que l'Eternel Dieu avait tout le temps cachés aux anciens qui avaient porté sa parole, mais révélés avec l'aide du Saint-Esprit à nous qui sommes les moins que rien comparativement à ces derniers, mais qui avions reçu la grâce de la connaissance de l'Evangile par notre seigneur Jésus-Christ pour accéder aux profondeurs de Dieu.

Et pourtant c'est la vérité, et c'est bien ce que nous vivons et c'est grâce à cette connaissance que nous avons pu vous présenter étape après étape ; lignes après lignes et références après références tout ce qui importe de savoir concernant la victoire ou le triomphe de la croix sur la montagne.

Et pour rappel, nous avions présenté durant les différentes étapes du développement de notre étude sur ces deux termes à savoir, la croix et la montagne sous divers angles d'appréhension susceptibles d'éclairer et de rapprocher de Dieu, la conscience humaine qui était tout le temps restée captive du péché et l'ignorance au profit et au bénéfice du diable et de la mort.

Nous avions aussi pris le soin de fournir suffisamment de détails sur tout ce qui paraît nécessaire et utile pour servir à l'affranchissement des cœurs très attachés à la religion et au ministère de la montagne des croyants par une bonne compréhension de la croix et par dessus tout, la crucifixion du seigneur et sauveur Jésus-Christ pour l'accomplissement de la loi, laquelle constituait la véritable endicape sur la voie de salut des âmes.

Et ainsi se referme cette œuvre si riche et si instructive parce que entièrement inspirée du Seigneur pour l'engagement d'une bonne conscience des croyants envers Dieu par leur seigneur et sauveur Jésus-Christ en qui et par qui nous sommes tous bénis éternellement.

Gloire à l'agneau.

Références :

La Sainte Bible, version Louis second, sous le contrôle exclusif du Saint-Esprit.

Printed by Books on Demand GmbH, Norderstedt / Germany